단숨에 읽는 재미있는 주일학교 역사
크지만 작은 학교

주일학교 역사에 대한 생생한 기록

단숨에 읽는 재미있는 주일학교 역사
크지만 작은 학교

로버트 린·엘리엇 라이트 지음 유재덕 옮김

일러두기

1. 인명과 지명은 기존 관례를 따르되 전례가 없으면 원음에 가깝게 표기했다.
2. 본문에 등장하는 저서 제목들은 이미 우리 글로 번역된 경우에는 그대로 옮겼고, 그렇지 않은 저서는 새롭게 우리 글로 옮겨서 포함시켰다.
3. 〔 〕 표시는 저자가 인용하면서 의견을 덧붙이거나 강조한 것을 가리킨다.
4. 『 』 표시는 단행본, 〈 〉는 잡지를 가리킨다.
5. 인용된 성서는 대한성서공회에서 발행한 『개역개정판』이다.
6. 본문에 인용된 인명, 단행본의 제목과 단체 명칭은 대부분 색인에 포함시켰다.
7. 본문에 삽입된 그림들은 옮긴이가 추가했다.

크지만 작은 학교
단숨에 읽는 재미있는 주일학교

ⓒ 유재덕, 2010

초판 1쇄 인쇄 2010년 3월 25일
초판 1쇄 발행 2010년 3월 27일

지은이	로버트 린 · 엘리엇 라이트
옮긴이	유재덕
발행처	하늘기획
발행인	황성연
디자인	하늘기획 디자인
등록번호	제6-0634호
주소	서울특별시 동대문구 청량리1동 45-8호
전화	031-947-7777
팩스	031-947-9753

ISBN 978-89-923-2086-3

| 옮긴이 머리말 |

　주일학교의 위기가 전문가나 일반 교회교육 현장에서 거론된 것은 굳이 어제 오늘의 일이 아니다. 교회교육이 정체, 혹은 퇴보하고 있는 것처럼 보일 때마다 주일학교의 존립 여부를 심각하게 문제 삼았기 때문이다. 최근에는 거기서 더나가서 주일학교를 낡고 시대에 뒤떨어진, 폐기처분해야 할 대상으로 간주하기도 한다.

　주일학교는 일부 사람들이 힘주어 말하듯이 정말 낡고, 더 이상 소용없는 과거의 잔재에 불과한 것일까? 역사적 실체로서 여전히 존재하고 있는 지금의 주일학교로부터 교회교육이나 기독교교육을 위한 미래의 대안과 희망을 확인할 수 없는 것일까? 이 책의 저자들은 이와 같은 의문을 전제로 삼아서 이 책을 집필했다.

　저자들은 해답을 찾기 위해서 18세기에 영국에서 등장한 주일학교의 발전과정과 관련된 주제들을 다양하게 확인하고 검토한다. 주일학교가 처음 등장할 때부터 미국으로 수입된 과정, 평신도를 중심으로 진행된 미국의 주일학교운동, 그리고 교회 및 신학의 영향과 급격한 사회변화에 대한 주일학교의 대응 등이 마치 파노라마처럼 재미있게 소개된다.

　2백년 이상 된 주일학교의 역사를 검토하고 난 뒤에 저자들은 주일학교는 어떤 경우에도 소멸하거나 그 역할이 끝날 수 없다고 평가한다. 주일학교는 기독교는 물론, 미국이라는 국가와 국민의 정체성 형성에까지 지대한 영향을 발휘했을 뿐 아니라 가치의 혼란을 겪고 있는 현대인들을 위해서 여전히 그 역할을 감당할 수 있는 능력을 갖추고 있다는 것이다. 규모 면에서는 공립학교에 비해서 작지만, 역사적으로나 사회적으로나 그 비중을 따지면 큰 학교라는 게 저자들의 결론이다.

　이와 같은 주일학교에 대한 평가는 우리의 경우에도 동일할 수밖에 없다. 서구문물과 함께 우리나라에 들어온 주일학교에 대한 기억이나 향수는 오롯이 서구인들만의 몫이 될 수 없다. 우리 역시 주일학교를 생각하면 사탕을 비롯해서 넉넉하지 않은 간식을 즐겁게 나누어먹고, 성경구절을 암송하고, 출석을 격려하는 딱지들을 모으고, 그리고 부활절과 성탄절마다 교인들 앞에 나가서 노래하고 연극을 하던 아련한 추억이 줄지어 떠오른다.

　우리의 어린 시절의 경험을 지배하는 주일학교의 명칭과 교육환경이 부분적으로 바뀌기도 했지만, 그 영향력은 지금도 여전하다. 어린이들과 청소년들은 변함없이 주일마다 교회학교에서 노래와 예배, 공과공부를 통해서 그리스도인으로서 소유해야 할 가치를 익히고 있다. 주일학교 출석자들의 전체적인 감소추세를 염려하고 대안을 추구하기도 하지만, 실제 현장에서의 활기는 예나 지금이나 크게 달라지지 않았다.

우리는 주일학교에 대한 편견을 버려야 한다. 2세기 이상 꾸준히 생명력을 유지해왔다면, 거기에는 반드시 그럴만한 이유가 있을 것이다. 주일학교는 오래되기는 했어도 낡은 제도가 아니다. 주일학교는 어떤 경우에도 그 생명을 유지하고 계속해서 발전해 나갈 것이다. 역사적으로 볼 때, 교회교육의 문제는 기관이나 제도보다는 그것을 운영하는 사람들에게 달려있을 때가 많았다. 따라서 주일학교의 정체성을 훼손하는 구조적 변화보다는 그것을 운영하는 이들을 교육하고 지원하는 게 더욱 시급한 문제라고 할 수 있다.

교회의 교육적 역할을 강화하고, 평신도들에게 주도적인 활동의 장을 제공하고, 그렇게 해서 다양한 분야의 지도자를 배출해온 주일학교의 역사적 유산을 외면하거나 폄하하는 것은 우리의 과거를 부정하는 것과 다르지 않다. 과거가 존재하지 않는 현재나 미래는 있을 수 없다. 이 책이 주일학교에 대한 역사적 이해와 새로운 관심이 되살아나는데 도움이 되었으면 한다.

끝으로, 이 책의 출판을 맡아준 하늘기획 대표님과 아름답게 책을 꾸며준 편집팀에 감사한다. 이미 오래 전에 출판되었어야 할 책이 약간의 우여곡절 끝에 지금에서야 빛을 보게 되어서 기쁘게 생각한다. 해묵은 과제를 끝마친 것 같아 한편으로는 홀가분하다. 나와 더불어 믿음의 여정을 함께 하는 사랑하는 가족들과 기쁨을 나누고 싶다.

옮긴이 유재덕

C·O·N·T·E·N·T·S
차례

옮긴이 머리말 _5
서문 _10

| 01 | "잃어버린 시작"을 찾아서 _23
| 02 | 때를 만난 개념 _33
| 03 | 가난한 지역마다 _63
| 04 | 죽음부터 햇빛까지 _103
| 05 | 하버드의 위기, 태머니홀의 능력 _135
| 06 | 흘러간 학교 대 새로운 학교 _177
| 07 | 최후의 위대한 종교운동? _219

감사의 글 _249
인명 색인 _251
주제 색인 _253

| 서문 |

"주일학교가 죽어간다." "주일학교는 죽었다!" "장사지내고 다시 시작하자!" 오랫동안 추도사가 계속되어왔다. 언젠가 전국 규모의 한 잡지는 주일학교를 "주중에 가장 쓸모없는 시간"이라고 부르기도 했다. 하지만 주일학교는 죽기를 거부한다. 전국적으로 주일교회학교를 운영하지 않은 교회는 거의 없다. 지금도 개척교회들은 주일학교를 선발대로 내세워서 새로운 교인을 끌어 모은다. 학생이 수천 명이 되는 아주 거대한 주일학교가 있는가 하면, 유지하기에 급급한 작은 규모의 주일학교도 있다. 하지만 헌신적인 사람들이 운영하는 주일학교는 주일의 상황이 적어도 교회의 교육적 사역 가운데 일부를 수행하기에 적당하고 의미 있는 시간이라고 생각하는 이들을 돌보고 있다. 따라서 사실 주일학교는 "생존이냐 아니면 소멸이냐"하는 따위는 문제가 되지 않는다. 주일학교는 존재한다. 주일학교는 생존하고 있고 판을 거두거나 사라질 기미를 전혀 보이지 않는다.

지역교회의 교육 실무자들보다는 주로 기독교교육을 직업으로 삼는 이들이 줄기차게 제기하는 주일학교의 "대안들"에 관한 요구를 외면하기가 쉽지 않다. 주일 하루에 한두 차례의 모임으로는 충분하지 않더라도 그 가치는 한주간의 날짜나 양이 아니라 그 시간에 실제로 일어나는 일과 **주일마다** 신앙공동체에서 함께 배우는 사람들 간의 상호작용에 근거한다.

주일학교운동의 역사는 흥미롭다. 전설, 유머, 열정, 그리고 산발적인 논쟁이 가득하다. 하지만 대부분이 평신도들로서 공식적인 교권의 반발에 직면해서도 물러서지 않았던 초창기 운동 개척자들의 헌신과 열심 때문에 우리는 늘 감동한다. "운동에 참여한 성도들"의 진열실에는 뛰어난 유명 인사와 명단이 있다. 하지만 역사에서 이름이 사라진 겸손하고, 헌신적이고, 주목을 받지 못하지만 우리가 큰 신세를 졌고 감사해야 할 공동의 사역자들 역시 수없이 존재했다.

이 초기 개척자들은 교단에 대해서는 신경을 쓰지 않고 "명분"을 위해서 일했다. 처음에 주일학교는 교단의 색채를 띠지 않거나 아예 그것과 무관했다. 이런 초기 주일학교 사역의 비교파적 성격이 바탕이 되어서 주일학교협회들이 자연스럽게 출범했다. 이런 주일학교협회들은 미국에서 회의 운동의 선례가 되었다. 여러 교회협의회나 요즈음의 교회 간 협력을 지향하는 단체들은 초기 주일학교협회나 기독교교육 협의회에 기원을 두고 있다. 바로 이 협의회들과 지방 혹은 지역의 교회 간 협력을 지향하는 기관들이 역사를 이상하게 기술하거나 스스로의 역사적 뿌리를 부정하고 교단간의 주요 관심 영역인 기독교교육 사업을 대부분 포기했다. 그들은 기독교 양육에 대한 부단한 관심보다는 주로 시사적인 사회 문제에 초점을 맞추는 경향을 보여 왔다. 이것은 회의 운동 자체의 오류라기보다는 교단들의 주관심사의 변화, 즉 협력보다는 나름의 행정을 동원해서 기독교교육 프로그램을 운영하기로 결정했다는 것을 보여주는 것일 수도 있다.

교단들이 주일학교를 접수하고 소유를 주장하면서부터 주일교회학교, 혹은 주일마다 열리는 교회학교로 알려지게 되었다. 마찬가지로 각 교단은 자신들과 무관한 사업으로 출발한 또 다른 형식의 교육사역을 전용해서 전체 교회학교 모형 가운데 일부로 활용했다. 가령, 각 교단의 청년모임이 활기를 띠게 된 것은 1881년에 창설된 비교파적 성향의 기독교면려회라는 청년운동이 성공을 거둔 데 따른 것이었다.

일일휴가성경학교 운동은 여름에 무료하게 지내는 어린이들에게 관심을 가진 침례교 선교회의 어느 집행위원이 1900년대 초반 뉴욕 시에서 시작했다. 그 운동은 곧장 뉴욕교회연맹의 한 분과가 되었다. 교단들이 나중에 받아들이자 휴가교회학교라고 이름을 변경하고 교단을 망라하는 교회학교의 또 다른 무대가 되었다. 오늘날 여러 휴가교회학교들이 협력적인 공동체 프로그램으로서 명맥을 유지하고 있지만, 교육과정 자료들이 공동으로 혹은 교단별로 발행되고 있고 지역 교회들이 다양한 자료를 선택할 수 있게 독자적으로 진행하기도 한다.

주간종교교육 운동은 1914년 인디아나 주 게리의 어느 교장이 시작했다. 이 운동은 한 교단의 노력으로 출발했지만 얼마 지나지 않아서 교단 간 협력 사업으로 하는 게 더 바람직한 것으로 간주되었고, 결국 대부분 그렇게 운영되었다. 초기 프로그램에는 네 가지 영역, 즉 공부, 공작, 놀이, 그리고 종교가 포함되었다. 워트 교장은 정교분리 문제를 염두에 두고서 교회들에게 종교수업을 실시하도록 촉구했다. 교회 협의회나 목회자 협회가 그 운동을 받아들이자 곧장 전국으로 확산되었다. 1948년에는 일리노이 주 샴페인의 한 부부가 제기한 소송에서 공립학교의 종교교육 수업이 헌법과 불일치한다는 판결이 내려졌다. 종교수업이 헌법 제1조 수정조항의 제정 원인을 침해하는 것으로 간주되었다. 이 판결은 전국적으로 종교교육 프로그램의 발전에 막대한 타격을 가했고, 주말종교교육은 심각하게 쇠퇴했다.

이런 상황은 고등법원이 1952년에 학교 외부 시설에서 운영되거나 종교단체가 후원하는 종교교육운동은 합헌이라는 판결을 내렸지만 달라지지 않았다. 일부 교단이 지역 교회의 주간교회학교를 활성화하려고 했지만, 그 운동은 기독교교리협회가 지원한 로마 가톨릭교회 프로그램을 제외하고는 일차적으로 교단간의 문제로 남게 되었다. 논리상으로는 주간종교교육이 주일학교에 대한 하나의 "대안"이었지만 결코 따라잡지 못할 것 같았다. 미국기독교교회협의회의 기독교교육 분과가 새로운 프로그램을 실시했는데, "주간기독교교육"이라는 새로운 이름으로 기독교 신앙과 공립학교의 연계를 강조한 것이었다. 교회 일각에서는(유대계 단체에서 더 큰 성공을 거둔) 방과 후 프로그램을 시도했고, 또 다른 교회는 "월요일 혹은 화요일의 주일학교"라는 프로그램을 운영하기도 했지만 이런 주일학교의 대안들은 지금껏 철저하게 조사되거나 발전하지 못했다. 아마도 때가 이른 것 같다.

주일교회학교가 여전히 일반적인 개신교 교육을 움직이는 핵심 동력이라는 것은 어김없는 사실이다. 몇 해 전 "대결: 주일학교"라는 주제로 회의가 개최될 당시에 한 지도자는 "주일학교가 결코 전체 교육 프로그램 가운데 자투리 이상은 되지 못할 것이다"라고 혹평한 적이 있었다. 이것은 희망 사항일 뿐 전혀 사실과 다르다. 대부분의 개신교 교회에서 주일학교는 여전히 종교교육 프로그램의 일차적인 초점을 대표한다. 어느 대형 교단은 주일학교가 전체 교회학교의 계획에서 중요한 부분을 차지하고 있지만 분명히 "자투리"가 아니라는 뜻에서 "핵심 학교"라고 부른다.

주일학교 운동이 출범할 당시부터 복음전파의 열심 이외에도 그 사역을 수행하는데 있어서 필수적이면서도 중대한 어떤 요소들이 존재했는데, 그것들은 교수학습 과정의 지원을 위한 자료 개발, 리더십의 훈련내지는 개발, 그리고 행정지침과 도움을 제공하는 것이었다.

『크지만 작은 학교』는 초창기 일화나 교사용 교재, 노래들 – 영국에서 사용되거나 미국과 북미의 신흥 주일학교 운동으로 수입된 – 그리고 나중에는 대서양 이쪽(미국을 가리킴 – 옮긴이)의 주일학교에서 활용할 수 있는 자체 자료의 개발을 비롯한 다양한 자료의 개발을 생생한 방식으로 묘사하고 있다. 오늘날까지도 상업을 목적으로 하는 출판사는 물론 각 교단 출판사들이 교회 교육프로그램에 필요한 자료를 엄청나게 쏟아내고 있다. 아울러 주일교회학교 현장에서 상당한 소비 점유율을 목표로 삼고 있다는 것도 거론할 필요가 있다. 하지만 동시에 상당한 규모의 자료들이 새로운 유형의 프로그램이나 상황에 적합하게 제작되고 있다는 사실을 인정하지 않을 수 없다. 가령, 여러 세대가 모이는 상황이나 가족중심모임, 독신자, 노인, 중년의 위기를 다루는 사역, 학습센터, 이동학급, 개방학급, 비전통 상황 등이 그렇다.

1백년 이상 주일학교가 사용해온 대표적인 학습 자료는 1872년 인디애나폴리스에서 열린 전국주일학교대회에서 승인을 받은 국제 혹은 통일공과시리즈이다. 이것은 획기적 사건이었다. 『크지만 작은 학교』의 저자들은 "일각에서는 내세를 위한 결정으로 확고하게 받아들였다"고 소개한다. 어찌 보면 그것은 사실처럼 보인다. 통일공과위원회에 깊이 관여한 한 사람으로서 그 시리즈가 생동감이 있고 훌륭하다는 것을 지적해둔다. 통일공과개요에 기초한 성인용 성경공부는 여전히 전국적으로 사용되는 대표적인 주요 성경공부 자료이다. 적어도 40여개 교단이 통일공과개요를 기본적인 성경공부 교육과정의 기초로 활용하고 있고 30여개 교단은 그런 개요를 개발하는 위원회의 모임에 참여하고 있는데, 그중 6개 교단이 대표적인 흑인 교단들이고 복음주의 단체들 역시 그 모임에 참여하고 있다. 대부분의 주요 교단이 어린이용 성경공부 자료의 개요를 더 이상 활용하지 않고, 또 일부가 새로운 어린이용 성경공부 시리즈를 개발하고 있지만 흑인 교단들은 대체로 어린이용 통일공과개요를 계속 이용한다.

그 이외에도 주석, 발췌공과, 청소년과 성인을 위한 스페인 및 브라이유식 점자판, 달력, 진도 카드, 전단 등과 같은 4백만 부 이상의 보조 자료를 비롯해서 해마다 통일공과개요에 바탕을 둔 교사 및 학생 계간지들이 8백만 부 이상 발행된다. 1974년의 통일공과시리즈에 관한 주요 협의에 따른 결과로서 위원회의 활동을 지원하는 개정된 핸드북이 새롭게 출판되었다. 오랫동안 수정과 변경이 여러 차례 반복되었다. 현재 시리즈의 주기는 7년에서 6년으로 바뀌었고, 1986년부터 1992년까지의 새로운 주기는 1980년에 열리는 교단별 검토 작업을 거친 이후에나 승인될 예정이다. 1백년이 부족할 만큼 통일공과시리즈는 아주 상이한 배경을 지닌 교회들, 즉 복음주의자, 진보주의자, 백인계, 흑인계, 중남미계 교회들에 의해서 미국 전역에서 폭넓게 사용되고 있다.

교단 간 자료와 프로그램 개발을 위한 협력체인 공동교육개발은 교육과정 시리즈의 명칭을 "기독교교육: 공유된 접근"으로 정했다. 첫 번째 접근인 "말씀 알기"는 통일공과 개요에 근거한 협력적 교과과정이다. 공식자료에 따르면 그것은 성인 수준의 네 가지 접근 가운데 가장 폭넓게 활용되고 있다. 나머지 세 가지 접근들은 "말씀 해석하기," "말씀 따라 살기," 그리고 "말씀 실천하기" 등이다.

"자체" 교과과정과 상부에서 개발해서 전달하는 자료들 사이에는 교육과정의 주기 때문에 여전히 긴장이 존재한다. 아마도 통일공과시리즈가 유지하는 지속적인 장점 가운데 하나는 각 교단들이 자체 필자를 활용하고, 자료들에 특별히 역점을 두는 것 이외에도 특정 교과의 신학 및 교육적 입장을 부여할 수 있다는 점일 것이다. 덕분에 그 시리즈는 신앙을 갖게 만드는 성경공부의 주축이 되고 있다.

교회학교의 효과적인 사업의 또 다른 핵심 요소는 자원봉사자의 훈련이나 개발이다. 이것의 중요성은 존 빈센트 감독이 1860년대 초반에 "주일학교교사훈련원"을 시작했던 주일학교운동 초기부터 입증되었다. 주일학교운동은 지속적으로 지도자 개발에 관심을 가졌고 국제종교교육협의회는 표준리더십교육과정을 주요 프로그램으로 활용했다. 공인을 받은 리더십 학교가 전국에 거의 대부분 존재했다. 그 학교들은 교사의 자격과 교육내용을 토대로 인가를 받았다. 방법과 내용에 관한 필수학점을 취득한 학생들은 수료증을 받았다. 이런 학교들은 서로 협력해서 필요한 리더십 교과서 총서를 상당히 많이 개발했다. 1950년대와 그 이후에 새로운 교단 교육과정이 등장하면서 특정 교단 교육과정의 활용과 연계해서 지도자들을 훈련하려는 욕구가 상당히 강해졌고, 덕분에 표준리더십과정은 점차 위축되었다.

기독교교육은 부침을 거듭해왔다. 기독교교육이 누려온 적지 않은 행정적 역할들이 여러 이유로 신학대학원의 기독교교육학과나 교회협의회의 기독교교육 분과처럼 폐지되었다. 기독교교육은 그렇게 쇠퇴하는 것 같았다. 하지만 교회학교는 계속되어왔다. 지역 교회들이 주일학교, 휴가 교회학교, 주간 종교교육 프로그램, 캠프 및 대회를 계속해서 지속하는 한 자발적으로 지원하는 각 지역의 지도자들을 이후로도 훈련시키지 않을 수 없을 것이다.

여러 교단들이 다양한 프로그램이나 경로를 통해서 리더십 개발 요구에 부응하려고 모색해왔다. 행정담당자를 활용하는 경우가 더러 있었고, 그렇지 않으면 타 교단과의 협조체제를 활용했다. 하지만 비영리 법인직원들처럼 과거에는 찾아볼 수 없는 유형이 등장했다. 독자적인 기독교교육 자문위원이나 자문단, 또는 애리조나 주 스캇스데일의 전국교사교육프로젝트가 대표적인 사례이다. 주요 교사나 지도자 역할을 지역 회중의 자원봉사자에게 의지하는 한 지도자 개발 프로그램은 수요가 많을뿐더러 불가피해질 것이다.

지역 교회들이 프로그램을 설계하고 또 관리하는 기법들은 지도자 개발을 통해서 직접 전달되는 또 다른 핵심 요소들이다. 여러 교단들이 지역의 "최하층" 혹은 "길바닥 수준"의 사람들이 말하거나 요구하는 바에 늘 그랬던 것보다 더 민감하고 기민해져가는 게 눈에 띈다. 기독교교육 전문가들이 지역에서 활동하는 이들의 요구와 관심에 대해서 전폭적인 차원에서 한층 더 확실하게 응답하고 있고, 힘을 모아서 사역하려는 정신을 접할 수 있다. 정부의 교육국장을 지낸 프랜시스 키펠은 "교육은 너무 중요해서 교육학자들에게 맡길 수 없다"고 말한 적이 있었다. 우리 역시 "종교교육은 너무 중요해서 전문적인 종교교육학자들에게 맡길 수 없다"는 말로 되받을 수 있다. 평신도가 중앙에 자리 잡고 있고, 그리고 이따금씩 의사결정이나 프로그램 개발과 관련된 전체 차원에 상당한 관심을 갖거나 실행할 능력을 갖추고 있거나 참여하려고 시도하고 있다.

1980년대는 "주일학교의 새로운 활기"를 기대하게 한다. 과거에 기독교교육을 포기하거나 다른 학과의 하부 영역에 통합한 신학대학원들이 또다시 눈을 뜨면서 성직자 훈련과정에서 교육사역이 차지하는 위치를 재평가하고 있다. 교회협의회나 지방 혹은 지역의 교회 간 협력을 지향하는 단체들은 함께 운영하는 교육프로그램과 활동에 대한 책임감을 새롭게 조망할 목적으로 위원회나 임시 조직을 새롭게 꾸리고 있다.

미국에서 가장 규모가 큰 어느 교단은 157명의 직원을 거느린 한 부서 전체가 주일학교의 발전을 위해서 최선을 다하고 있다. 또 다른 대형 교단은 (1) 교회학교에 참여함으로써 기독교적 성장과 이해를 통한 그리스도와 교회에 대한 개인들의 헌신을 양육하고 심화하기 위해서, (2) 모든 교회의 교수학습 수준을 확인하기 위해서, (3) 교회학교에 출석하거나 등록자의 숫자를 늘리기 위해서 "결단의 순간: 교회학교"라는 4년 단위 프로그램을 운영한다. 그 네 가지 단계들의 구성은 이렇다. 축하해야 할 유산, 돌보는 공동체, 배우는 공동체, 그리고 다음 1세기를 향하여. 이것이 바로 장기적인 계획이다!

또 다른 주요 교단은 최근 총회에서 "기독교교육을 교회 생활의 주요 관심사로 되살리기"라는 결의안을 채택했다. 지역 차원의 관심사를 확정하려고 행정 지침을 모색 중인 다른 교단은 종교교육이 67퍼센트의 긍정적인 응답을 얻어서 목록의 선두에 있다는 것을 밝혀냈다. 이상은 현재 교육 사역을 보다 효과적으로 진행하려고 애쓰는 모든 교단들의 광범위한 관심사 가운데 일부를 제시한 것에 지나지 않는다. 1980년대는 로버트 레익스가 1780년에 영국의 글로스터에서 주일학교운동을 시작한지 2백주년을 맞이하는데 따른 기회와 도전을 상징한다. 향후 10년을 "대안이 될 수 있는 미래들"을 연구하고 계획을 재평가하는 데 지혜롭게 투자하면 무엇보다 중요하고 생산적인 시기가 될 수 있다.

교회들이 신앙은 교육될 뿐만 아니라 깨닫는 것이라는 지식과 의식을 갖추고서 이 신앙을 설명하고, 공유하고, 실천하는 중요한 현장으로서의 교회학교의 특수성을 포기하지 않았다는 것은 긍정적인 신호이다.

그리고 이 책에서 소개하듯이 크지만 작은 학교의 역사는 일차적으로 개신교 주일학교운동의 역사이지만, 유대인들과 로마 가톨릭교인들 역시 주일을 종교교육을 위한 시간으로 활용해왔다는 사실을 인정하지 않으면 안 된다.

어느 뛰어난 기독교교육학자는 "새롭지만 오래된 학교"를 옹호하면서 이렇게 말했다.

> 오래된 주일학교는 사람들이 서로 종교적이 될 수 있고, 사람들이 기독교 신앙을 체험하고 다른 사람들의 삶 속에 증거 된 그것을 볼 수 있는 환경을 창조하는 데 대부분 관심을 보여 온 것 같다. 오래된 주일학교는 이야기, 경험, 공동체의 설립, 그리고 역할 모형에 대한 애정의 중요성을 인식하고 있는 것 같았다…. 기도나 영적 생활은 하나님이 허락하신 놀라고 창조하고, 꿈꾸고 공상하고, 상상하고 마음속에 그릴 수 있는 능력을 우리가 회복하도록 요구한다. 우리는 다시 한 번 노래하고, 춤추고, 그리고, 또 행동하도록 격려를 받지 않으면 안 된다. 우리는 황홀경에 들어가거나 새로운 것, 놀라운 것, 그리고 신비로운 것을 구분할 수 있는 우리의 능력을 개발하지 않으면 안 된다. 감각에 의한 인식과 또 우리 자신들을 정서적으로나 언어를 빌지 않고 표

현하는 능력은 격려를 필요로 한다. 언제나 감정이 신앙생활의 핵심인 것처럼 말이다.

주일학교의 대안이 될 새로운 종교교육의 형식을 모색하는 데 뜻이 있다면 풍요로운 과거로부터 물려받은 것, 특히 보존할 가치가 있는 것들을 지속하는 게 중요하다.

변화를 위한 변화나 개혁을 바라는 것, 즉 판매를 목적으로 "신제품"이라는 딱지를 붙이는 상업광고의 형태를 추종하는 것은 치명적인 유혹이다. 전국교회협의회에서 엘리스 넬슨은 두 개의 교육 분과를 통합하려고 하는 대의원들에게 이의를 제기하면서 "**새로운** 것을 추구하지 말고 **진실한** 것을 추구하라"고 경고했다. 1980년대에 새로운 형식, 곧 대안을 모색하는 일은 진실한 역사를 통해서 우리에게 전해진 그 오래된 형식을 철저하게 따라야 하고, 그러면 영원토록 그렇게 지속될 것이다.

블래인 피스터

CHAPTER 01

"잃어버린 시작"을 찾아서

> 과거는 스스로의 미래를 검증받지 않을 수 없을 것이다.
> 모든 역사는 가능성으로 채워져 있는데, 그 가능성은…도움을 받고,
> 포착되고 차단되어 왔다. 이런 관점에서 볼 때 과거는 중단된 가능성,
> 잃어버린 시작, 미래에 붙박인 출발로 가득한 것 같다.[1]
>
> **위르겐 몰트만**

메리빌에서 녹스빌까지의 길은 테네시 강과 리틀 테네시 강이 합류하면서 형성된 아주 나지막한 삼각주를 지나서 북쪽으로 약 32킬로미터 정도 계속된다. 올리브 산 남쪽과 포트 루던 호수 건너편에는 블루리지 언덕이 불쑥 솟아 있고 훨씬 더 큰 물길이 보인다. 모퉁이 길을 몇 개 돌아서 다리를 지나면 녹스빌인데, 거기에는 산딸나무로 뒤덮인 거리가 벼랑 위에 자리 잡은 상가지역으로부터 나선형으로 뻗어 있다. 어린 시절 샘 킨은 그 길을 걸어보기도 전에 또 다른 길, 즉 다메섹에서 예루살렘으로 이어지는 길이 더 익숙했다. 그는 테네시의 지리보다 더 일찍 깨우친, 아주 멀리 떨어진 길이나 유다 지역의 시골을 한 번도 가 본 적이 없었다. 하지만 그는 예수님의 사랑을 받고 있다는 것과 자신이 그 나라를 돌아다닐 수 있을 만큼 나이를 먹으면 예수님과 동행하게 될 것이라고 생각했다.[2)]

커서 신학자이자 미국 사회와 정신을 다루는 설득력 있는 비평가가 된 샘 킨은 자신이 제일 먼저 어느 곳의 지리를 배웠고, 또 어째서 그랬는지 생생히 기억해냈다. 바로 개신교 주일학교였다. 그가 메리빌에서 겪은 경험은 조금도 특별하지 않았다. 고향을 벗어나기도 전에 성지의 지도를 암기한 이들은 한둘이 아니었다. 주일학교는 하나의 운동이며 기관으로 미국 개신교 세대의 문화와 교육적 경험 전반에 걸쳐서 지울 수 없는 흔적을 남겼다. 하지만 오늘날에는 주일학교가 수행한 일에 대한 집단적 그리고 역사적 기억은 감상적인 유품처럼 주일에 실시하는 수업이라는 이미지에 가려져서 대체로 분명하지 않다. 샘 킨의 기억에 중동지역의 어느 도로의 모습을 선명하게 새겨 넣은 역동성은 미국에서 유효했고, 지금도 여전히 그렇다. 하나의 민족이 스스로를 이해하고자 한다면 주일학교의 유산과 쉽게 사라지지 않는 그 영향을 밝혀내지 않으면 안 된다.

샘 킨. 20년 이상 〈사이콜로지 투데이〉의 편집위원을 지냈고 현재는 신학을 비롯한 다양한 주제로 글을 쓰는 작가와 강연자로 활동한다.

미국 고유의 것은 아니지만, 이 나라 전체가 역사의 본질을 제대로 파악하지 못하고 있다. 개략적으로 제시되는 과거의 모습들은 주로 정치적이고, 대개 피상적이고, 그리고 가끔은 군사적일 때도 있었다. 이야기는 아메리카 원주민과의 분규부터 독립전쟁까지, 남북전쟁과 서부 지역에서의 갈등을 거쳐 세계대전까지, 그러고 나서 한국전쟁으로 잠시

숨을 고르다가 인도차이나로 옮겨간다. 이념, 운동, 그리고 비정치적 기관들의 문화를 형성하는 상호작용이 전반적으로 조명을 받은 적은 거의 없다. 세속학자와 교회 모두 통속적 신앙에 관한 연구에 관심이 없다. 하지만 통속적 신앙은 수많은 사람들의 일상적인 태도와 신앙을 반영하고 있다. 그것은 신앙의 **최고의** 표현이나 공식적으로 교회의 인정을 받거나, 혹은 강단 신학과 일치하지 않을 수도 있지만, 문화를 제대로 보여주는 일종의 거울이다. 통속적인 신앙은 정서를 담고 있다. 그것의 노래와 역사는 괜찮은 이야기를 가능하게 만든다.

주일학교는 통속적인 미국식 개신교를 가장 잘 보여주는 사례일 뿐더러 축소판으로서 어쩌면 국가나 일부 역사의 자료만큼 유서가 깊을 수 있다. 1892년의 전쟁과 제1차 세계대전 사이에 미국이 기틀을 잡는데 특별히 강력한 힘을 발휘한 그 기관은 현재와 과거에 비교적 그리 익숙하지 않은, 개신교와 무관한 사람들의 생각보다 훨씬 더 중요할 수 있다. 사회 전반이 위기를 겪을 때는 물려받은 문화가 어떻게, 또 무엇에 의해서 형성되었는지 파악하는 게 필수적이다. 분명하든 그렇지 않든 간에 과거와 연속적으로 맞물려 있지 않은 현재는 없고, 이런 연속성이 이해되고 전달되는 방식에 영향을 받지 않을 미래도 없다.

주일학교 역사는 미국과 과거 사이에 숨겨진 연속성에 관해서 많은 것을 알려준다. 연속성이 드러나지 않는 것은 오늘날 그 기관이 그저 과거의 모습을 답습하고 있다는 게 일부 이유가 된다. 비록 성경 지리나 "예수 사랑하심을" 같은 노래들이 보수적이고 분파적인 개신교 교실에서 여전히 중요하고 중산층의 여러 주류 교단에서 일상적이지만, 열정은 수그러들었다. 불에 땔감이 쌓여있고, 그리고 새로운 연료를 추가할 수도 있고 그렇지 않을 수도 있다는 사실 때문에 활기찬 역사의 지속적인 영향력은 결코 줄어들지 않는다.

한 마디로 주일학교는 미국 개신교의 훈련장이다. 교단들이 대학교를 수백 개씩 설립했지만 주일학교는 개신교인, 그 가운데 특히 백인들에게는 종교적 측면에서 볼 때 **커다란** 학교이다. 비록 그것이 미국의 흑인 문화나 종교적 체험에서는 독특한 구실을 담당했지만 말이다. 공립학교와 대조해보면 주일학교는 미국 사회의 변두리에 자리 잡고 있다. 그럼에도 불구하고 전체 국민을 돌보는 소중한 작은 학교이다. 주일학교는 미국의 크지만 **작은** 학교이다.

어린 시절 다메섹에서 예루살렘까지 가는 길을 알고 있던 평범한 시민이 주일학교의 광범위한 영향을 알지 못한다는 것은 단순한 우연이 아니다. 반세기 동안 드세고 말 많은 개신교의 일부 세력들은 주일학교의 죽음을 설교하고 예언했고, 주일학교 학급의 약점과 지나친 옛스러움을 비난했고. 그리고 기독교교육의 대안들을 제시했다. 주일학교의 분위기는 엄격한 교육을 강조하는 대학교에는 모욕이 될 수도 있다. 주일학교의 정신은 미국 개신교 학문이 어째서 그렇게 지속적으로 빈약한지를 설명할 수 있다. 실제로 주일학교 수업이 "주중에 가장 쓸모없는 시간"을 대표할 수도 있다. 하지만 내구력은 놀랍다. 그보다 효과적으로 기독교적 훈련을 제공한 사례가 없었고, 좋든 나쁘든 간에 주일학교는 대부분의 개신교 지역교회가 작동하고 있다는 것을 보여주는 상징이다. 주일학교는 자신의 무대에서 실패보다는 성공을 더 자주 경험했다. 사실, 온갖 유형의 종교 개혁가들과 사회운동가들, 그리고 대표적인 인권운동가들은 주일학교 전통에 쉽게 익숙해질 수 있다. 이것이 사실이라는 것을 보여 주는 이유는 두 가지이다.

첫째, 초기에 그 운동은 현장에서 변화를 추구하는 이들과 그 지망생들이 공격 목표로 삼고 있는 기관이나 태도가 형성되는데 결정적인 구실을 했다. 가령, 인종 간 협력을 추구하는 게 무엇보다 유리할 수 있는 시기에 주일학교는 인종차별과 동일한 인종분리를 옹호하도록 말과 행동으로 가르쳤다. 그리고 19세기 주일학교는 경쟁과 성공을 거의 거룩할 정도로 간주하는 개신교의 직업윤리(극도로 미국적인 이민자 집단이 채택한)를 지원했다. 뿐만 아니라 주일학교에서 받은 훈련 덕분에 상당수가 반로마 가톨릭 사상을 갖게 되었다. 흑인들이 사회구조의 조직적인 폭력에 항거할 때, 또는 가톨릭 교인들이 자신들이 운영하는 학교에 공적 지원을 금지하는 법률에 이의를 제기할 때마다 어느 정도는 주일학교에서 갈고 닦은 관점을 상대로 싸움을 벌인다.

둘째, 주일학교는 온갖 비난에도 불구하고 일종의 개혁운동으로 등장해서 오랫동안 그것을 지속했다. 주일학교는 노동자나 인권운동가와 개혁이념의 특징을 비롯해서 보다 나은 미래에 대한 희망과 확신에 찬 기대를 공유했다. 본래 영국의 주일학교는 무식한 빈민과 빈민의 교육욕구를 외면하는 사회를 한꺼번에 개혁하려고 했다. 미국의 경우에는 문맹자, 이민자, 평등론자, 알코올 중독자, 온갖 유형의 범죄자, 그리고 공교롭게도 주일학교의 열정을 접하지 못한 사람은 예외 없이 개혁의 대상이 되었다. 주일학교는 영국계 미국인 세계에서 개신교의 "자선왕국" 가운데 일부로 발전했다. 가까운 공동체에서 출발해서 세계를 변화시키려고 나선 것이다.

일화는 자의적이거나 가부장적일 때가 많다. 그리고 유감스럽고 부끄러운 것 그 이상의 사건들이 일부 포함될 수도 있다. 여전히 주일학교는 개혁운동이 어떻게 성공하는지, 한 세대의 진보가 어떻게 다음 세대에 부담이 되는지, 그리고 개혁자들이 직접 요구한 유연성이 미래에는 반영되면 안 될 것처럼 새롭고 엄격한 정통교리를 만들어내는 방법을 어떻게 활용하는지 보여주는 그런대로 괜찮은 본보기이다. 주일학교는 전 세계에 선교사들을 파송한 수출용 상품이 되었기 때문에 그 운동의 특이한 발전과정은 아주 중요하다.

주일학교는 개신교인에게 가장 일반적인 전달매체로서 중요한 일들을 일부 수행했다. 주일학교는 대중, 혹은 보편 교육을 주도했다. 유아를 원죄의 저장고로 간주하는 고유한 개념을 파기함으로써 아동기를 천진난만한 시기로 받아들이도록 도와주었다. 오늘날에도 주일학교는 개신교인들에게 운명이나 죽음과 맞서 그 의미를 묻게 하는 대표적인 교육 환경으로 여전히 존재한다. 접근방식이 지극히 내세적이거나 비현실적일 때도 있었다. 하지만 공립학교가 거론하지 않거나 혹은 거론이 불가능한 죽음을 언급했다. 그리고 주일학교는 대부분의 개신교인들에게 필수적인 동기나 목표를 주기적으로 정의하고 제공함으로써 열망을 사로잡거나 통로 구실을 했다.

물론, 개신교 교회와 무관한 지역에서도 주일에는 학교가 운영되었다. 가톨릭 교인들이 개척시대에 학교를 운영할 때도 있었고,

회당이 어린이들 때문에 주일학교 학급을 운영하는 경우도 잦았다. 하지만 이야기는 대체로 개신교적이다. 주일학교가 미국 가톨릭교회의 규칙이 되거나 유대교의 규범이 된 적이 없었기 때문이다. 19세기의 개신교인들은 자신들과 어울리는 공립학교제도를 구축했다. 개신교와 무관한 사람들을 외국인 정도로 간주했기 때문이다. 덕분에 개신교인들은 자신들이 선호하는 세제지원을 받는 일반교육과 나란히 주일 아침마다 실시하는 종교수업을 정착시킬 수 있었다. 그런 구조를 받아들일 수 없다고 생각한 가톨릭 교인들은 나름의 교구제도를 발전시켜서 공립학교와 주일학교를 모두 대체했다.

향수와 감미로운 추억은 물론, 비난을 부르는 주일학교의 연대기는 빛나는 미국의 서사시로 자리 잡고 있지만 너무 오랫동안 무시되었다. 주일학교의 시작부터 20세기의 마지막 후반부에 이르는 과정에서 한 민족이 스스로를 어떻게 생각해왔는지 실제 내용이 개략적으로 드러난다.

1. Jürgen Moltmann, Theology of Hope, 『희망의 신학』 (New York: Harper & Row, 1967), 269.
2. Sam Keen, To a dancing god, 『춤추는 신에게』 (New York: Harper & Row, 1969), 9.

CHAPTER

02

때를 만난 개념

주일학교, "민족의 지성 및 도덕 문화를 촉진하고, 우리의 평등하면서도 종교적인 제도들을 영구화하고, 그리고 도덕적 순수함과 미래의 축복을 국가의 번영과 화해시키려고 특별히 채택한" 기관.

1828년 미국주일학교연합회 결의문에서

"**도덕적** 순수함과 미래의 축복을 국가의 번영"과 화해시키겠다는 생각은 강박관념이 아니라면 미국만의 독특한 꿈이다. 번영과 순수함(어느 한 쪽이 아닌, 가능하면 둘 다)은 플리머스 식민지 당시부터 20세기의 황량한 도시에 이르기까지 한 번도 포기된 적이 없었다. 19세기 복음주의 개신교의 핵심지도자 라이먼 비처는 주일학교가 그 소망을 채택한 1829년의 결의문 초안을 그럴듯하게 작성했다. 어떤 측면에서 그런 화해는 비처와 그의 뛰어난 계승자 헨리 비처, 그리고 헤릿 스토우에게는 성배나 다를 바 없었다. 오늘날 정치나 종교적 수사를 살펴보면 신흥국가시절의 영적 인도자들이 고수하던 번영-순수함-축복이라는 승리주의가 반복되고 있다. 현대 미국인 가운데 일부는 당연히 번영과 순수함이 결합될 수 있는지의 여부를 의심할 수도 있다. 라이먼 비처는 달랐다. 그에게 있어서 미국이 진정한 운명을 성취하기 위해서는 그런 결합이 필수적이었다. 미래의 번영은 확실해보였지만 순수함은 또 다른 문제였다.

라이먼 비처(1775-1863). 19세기 미국 개신교 지도자이고 노예폐지론자였다. 『톰 아저씨의 오두막』을 집필한 헤릿 스토우의 아버지이다.

"순수함"과 "미래의 축복"을 어떻게 길러낼까? 이게 바로 불안과 희망이 뒤섞인 1820년대 비처식 교인들이 직면한 **유일한** 문제였다. 식민시대의 사고방식은 구식이 되었고 불안감이 팽배했다. 초창기에 안정된 윤리와 자세를 상징했던 국가교회들은 1818년에 두 개의 지역으로 분리된 코네티컷과 1833년까지 겨우 유지되던 매사추세츠에서 거의 완벽하게 폐지되었다. 비처는 뉴잉글랜드에서 이끌던 기존 교회를 잃어버리면서 어려움을 겪었고, 새로운 질서의 윤곽이 드러나기도 전에 옛 질서의 가시적 징표가 사라지는 게 불안했다.

교육은 옛 것과 새 것 사이에 자리 잡고 있었다. 독립선언서에 서명한 필라델피아 출신의 의사 벤자민 러시는 과거로부터 얻은 확신을 이렇게 간단하게 진술했다. "…공화국에서 유용한 교육을 위한 유일한 토대는 종교에 근거해야 한다. 이것 없이 덕은 있을 수 없고, 또 덕이 없으면 자유가 있을 수 없기에 자유는 모든 공화 정부의 목적이고 생활이다."[1] 가령, 1820년대에 코네티컷 주의 어느 학교를 방문한 사람은 교사들 대부분이 기도를 외면한다는 것을 알고 나서도 그런 토대를 구축할 수 있었을까? 대다수의 학교는 종교나 도덕수업을 실시하려고 하지 않았다. 경우에 따라서는 교리문답을 암송하기도 했지만 성경은 기록이나 설명 없이 주로 읽기 훈련에 활용되었다.

대개 후기 청교도들이었던 비처와 동료들은 그런 부주의한 무관심을 용납하지 못하는 경향이 있었다. 반종교적 성격을 갖고 있는 것으로 의심받던 프랑스혁명 때문에 여전히 어려움을 겪는 그들 앞에는 현실과 가상의 적뿐이었다. 그들은 엄청난 개척민들 때문에 서부지역이 들썩이고 도전자들의 숫자에 못 미치는 동맹자들이 항해를 시작하는 대서양 변두리의 새롭고 투박한 나라에서의 삶을 알고 있었다.

그럼에도 불구하고 그 시대에는 신선한 바람이 불었고, 그래서 새로운 가능성이 자리 잡고 있었다. 복음주의식 표현을 빌자면 성령이 동부해안을 따라서 개척민들 머리 위에서 움직이는 중이었다. 성령의 한 가지 징표는 1795년부터 1836년까지 켄터키와 테네시 주의 천막부흥회에서 시작되어 동부까지 순식간에 휩쓴 제2차대각성운동이었다. 1801년 켄터키의 케인 릿지에서 발생한 영적 소동의 영향은 걷잡을 수 없을 정도였다. "그것은 서민의 발작, 오래 전부터 발산하고 싶어 하던 정서의 격렬한 폭발, 대륙의 장래를 알리는 압도적 징후였다."[2] 일부 동부지역에서는 서부의 부흥운동을 두려워하기도 했지만, 동부 역시 하나님의 백성이 새로운 가능성을 맛볼 수 있게 성령이 역사하고 있다는 복음주의적 확신 때문에 흔들리게 되었다.

새로운 가능성에는 개신교 신학대학원과 주일학교라는 과거에는 찾아볼 수 없던 교육기관들이 포함되었다. 1810년대에 새롭게 도

제2차대각성운동을
주도한 찰스 피니(1792-1875)

입되어 1820년대를 압도한 두 개의 교육기관은 거의 동시에 개신교 교육의 영구적인 형태나 환경(생태계)의 일부를 형성했다. 신학대학원들은 지도자를 훈련하는 전국적인 기관으로, 그리고 주일학교는 지역 주민을 위한 기관으로 등장했다. 1812년 전쟁(영미전쟁-옮긴이)이 끝난 뒤에 대서양 연안, 그중에서도 뉴잉글랜드와 뉴욕에서 주일학교가 아주 자연스럽게 분출했다. 도시는 물론이고 작은 마을까지 때를 만난 개념을 접하게 되었다.

그렇지만 주일에 실시하는 수업이라는 개념은 1800년대 초반에 새롭게 만들어지지 않았다. 그 개념은 얼마나 오래되었을까? 처음 시작한 사람은 누구였을까? 주일학교가 한창일 때는 이런 질문이 실제로 수수께끼 놀이에 등장했다. 족보를 놀이에 활용하면 가끔 제도의 활기가 드러날 때가 있다. 이 놀이에서 영국은 변두리에 있었다. 그 출발은 1780년대의 로버트 레익스에게로 거슬러 올라간다. 레익스가 아니라면 영국인들은 1763년경에 자기 집에서 "거친 어린이들"을 모아놓고 주일에 수업을 실시한 경건한 감리교인 해나 볼을 거론할 수도 있다. 미국인들은 당연히 신세계에 적합한 진정한 "최초의 인물"을 주장했고, 그래서 자신들만큼이나 영국인들도 인정할 수 있는 감리교의 창시자 존 웨슬리를 내세우면서 그가 조지아 주에서 선교사로 활동하던 1735년경에 주일마다 어린이를 가르쳤다고 주장했다.

그 이외에 기록으로 남아있는 최초의 인물로는 18세기 중엽 펜실베이니아의 이프라타와 코네티컷의 워싱턴에 위치한 독일계 경건주의 공동체가 거론되었다. 거기서는 1780년대 초반에 연장자들이 어린이들을 마을 공터에 모아놓고서 성경과 웨스트민스터 교리문답을 훈련시켰다. 더 멀리 떨어진 남부 "사우스캐롤라이나의 찰스턴에서는 1787년에 감리교 목사 조지 더거데이가 '인근의 흑인 어린이들을 상대로 주일학교를 운영했다는 죄'로 공동우물의 물로 물세례를 받았다."³⁾ 놀이는 계속된다. 18세기에는 여러 목사와 평신도가 다양한 장소에서 일종의 주일 수업을 보급한 게 분명하다. 1820년에 미국에서 실시된 주일 수업은 오래되고, 새롭고 그리고 영국으로부터 빌려온 게 분명했다. 미국에서 시작된 것은 대서양 맞은편에서 벌어지는 상황과 분리하면 이해가 불가능하다.

빈민을 위한 학교

"주일학교의 아버지"로 알려진 로버트 레익스의 사역은 1780년대에 시작되었고, 곧장 영어권 세계로 퍼져나갔다. 글로스터 신문 발행인은 복음주의의 명사가 되었다. 런던과 토론토에 동상이 세워지고 학교나 몇 마리 말들에게 그의 이름이 붙여졌고, 어떤 열광적인 이웃은 레익스를 16세기 개신교 종교 개혁자들 이후로 누구보다 중요한 인물로 간주하기도 했었다. 이 모든 일이 그가 주님의 날에 불쌍한 어린이들을 교육하기로 결심한 것에서 비롯되었다.

산업혁명 전야에 레익스의 무대가 된 글로스터는 작은 도시였다. 적어도 핀을 생산하는 어느 대규모 가게만큼은 공장제도의 냄새를 풍겼다. 조지 왕조 시대의 영국 도시들이 대개 그렇듯이 글로

글로스터 저널의 발행인이자 박애주의자였던 로버트 레익스(1736-1811). 감리교회를 창설한 웨슬리 형제와 긴밀한 관계를 유지했다.

스터는 농촌사람으로 넘쳐났고, 늘어가는 도시 임금노동자 자녀들은 우발적이든 아니면 의도적이든 간에 언제나 학대를 받았다. 이런 어린이들을 위한 학교는 그나마 얼마 되지 않았다. "더 나은" 사람들은 대개 빈민을 위한 교육이 경제적으로 도움이 되지 않을 뿐 아니라 사회적으로도 해롭다고 생각했다. 교육이라고 해야 몇몇 용기 있고 부유한 귀족들이 선호하는 선행 형식의 "자선" charity 혹은 "빈민학교" ragged school 가 고작이었다. 그런데도 빈민의 자녀들은 대부분 공장에서 주당 6일씩 장시간 노동을 했다. 주일은 전혀 간섭을 받지 않거나, 또 경우에 따라서는 불법마저 서슴지 않는 어린이들이 변두리에서 떼거리로 소란을 피우는 날이었다. 레익스는 1783년 신문에 이런 기사를 실었다. "게다가 도시와 마을의 농민과 기타 주민들이 주중보다 안식일에 더 많은 재산상의 손해를 입고 있다고 불평하고 있다."

관찰력 있고 남을 돕기 좋아하는 레익스가 주일자선학교를 시작하는 것보다 자연스러운 일이 있었을까? 일부 냉소적인 사람들은 레익스의 자선을 주일에 신문을 교정하는 것을 방해하는 소란한 어린이들의 성가심 탓으로 치부하면서 순수한 동기를 문제 삼기도 했다. 하지만 그것은 편향된 시각이다. 그 운동을 지속한 영감과 논리가 주일학교에 대한 그의 관심을 더 잘 설명해준다. 1757년에 아버지에게 신문발행인의 자리를 물려받자마자 레익스는 교도소 개혁과 범죄자 교육에 전념했다. 그의 관심은 범죄에서 범죄를 유발하는 무지로 옮겨갔고, 그렇게 해서 어린이와 그들의 무지로 이어졌다. 레익스는 점차 "기층민들의 도덕성"을 개혁하는 일에 몰두하게

18세기 무렵의 글로스터를 묘사한 그림

되었다. 요즈음의 표현대로라면 그는 소년범죄의 예방 수단을 확보하려고 한 것이다.

    그런 논리는 지난 두 세기에 걸쳐 상당수의 성인들에게 설득력을 발휘했다. 예컨대, 미연방수사국(FBI) 국장을 지낸 에드거 후버는 주일학교를 강력하게 유지하자는 운동을 벌이면서 기본적으로 같은 주장을 제기했다. 물론, 레익스는 18세기의 범죄사냥꾼이 아니었다. 당시 그는 신사였고 상냥한 자선가였다. 그는 1780년이나 1781년에 글로스터의 수티 얼리에서 가게를 얻고 교사 한 명을 고용해서 최초의 주일자선학교를 시작했다. 몇 해 뒤에 그는 "이 여러 어린이들 가운데 천부적인 좋은 품성을 발견한" 데 따른 즐거움을 기록으로 남겼다. 그는 어느 기자에게 어린이들을 소개하면서 이렇게 말했다. "주일학교가 설립됨으로 해서…그들은 과거의 무지한 노예들이 아닙니다. 그 뿐만이 아니라 그들은 더욱 유순하고 순종적이

되었고 다툼을 좋아하거나 원한에 사로잡히지 않게 되었습니다."4)

　레익스가 거론한대로 주일자선학교가 얼마나 행동의 변화를 가져왔는지 제대로 아는 사람은 없다. 거기에는 다음의 내용이 뒤섞여 있었다. 즉, (1) 성인들의 유별난 관심과 격려, (2) 생색내기, 뇌물 그리고 사회적 억압이라는 필수적인 방책들을 보유한 상류계급의 자선, (3) 빈민의 삶에서는 놀라운 사건이라고 할 수 있는 읽는 법을 배울 수 있는 자유, 그리고 (4) 광범위한 종교적 성향. 레익스는 헌신

초창기 영국 주일학교의 수업을 소개하는 그림

적이고 충성스런 영국교회의 교인이었다. 레익스가 운영한 학교의 졸업생은 나중에 그 창설자가 "언제나 교회에 있었고," 어린이들의 일과기도를 들었고, "그리고 누구든지 그 일이 동전을 버는 최고의 방법이라고 말했다"고 회상했다.

영국의 거의 모든 도시들이 처한 상황은 주일학교와 비슷한 게 필요했다. 기사를 접한 이들은 그 개념을 수용했다. 운동이 형성되고 있었다. 런던의 포목상이며 경건한 침례교인 윌리엄 팍스의 열정은 각별했다. 주일학교는 빈민에게 체계적이고, 보편적이고, 또 성경적인 교육을 실시하려는 자신의 꿈을 실현할 방법처럼 보였다. 기존 질서의 관심을 이끌어내지 못한 팍스는 영국의 모든 빈민에게 읽는 법을 가르치는 것을 목표로 삼겠다고 개인적으로 서약했다. 그는 "이교도가 아주 심각한 어려움을 겪고 있는 바로 그 빈민의 자녀를 위한 교육시설을 기독교 국가이며, 그 중에서도 개신교 국가에서 전혀 제공하지 않으려는 것" 때문에 자극을 받았다.5) 팍스는 1785년에 영향력 있는 몇 명의 사내들과 함께 주일학교를 장려하는 최초 조직인 "영국 전역의 주일학교 설립 및 지원을 위한 협회"를 출범시켰다. 그 협회의 목적은 이렇다. "죄악을 예방하고 근면과 덕을 고취하며 맹목적인 무지를 몰아내고 **지식의 빛을 비추며 사람들이 자신들의 조국에 기쁘게 복종하게 만드는 것이다."**

1800년대 초반 런던의 자선학교 모습. 두 명의 졸업생이 라틴어와 영어로 감사의 말을 하고 있다.

팍스가 운영하는 협회는 교사를 고용하려고 기부를 받았고 성경과 필요한 서적을 제공했고, 또 학교의 방문객들을 지정했다. 주말 모임의 성과는 팍스가 거론했던 "맹목적인 무지"를 상대로 맹공을 퍼붓는 수준에는 미치지 못했으나 실제로는 영국 전역에 걸친 학교 제도의 축소판이었다. 런던협회는 읽기는 가르치되 쓰기는 가르치지 않았다. 팍스의 동료 박애주의자들 가운데 한 사람에 따르면 수공업 노동자들은 종교를 배우거나 남은 시간을 때우기 위해서는 읽기가 필요하지만 쓰기는 "필수적이거나 적절하지" 않았다. 후원자들은 빈민이 쓰기를 익히면 새로 익힌 재주를 시민의 쟁의를 유발하는 데 활용할 수 있다는 것을 분명히 두려워했다. 주일학교 후원자들은 빈민이 분수를 지키는 게 당연하다고 합의를 보았다. 팍스 자신도 "그들(어린이들)을 보통 이상의 수준으로 양육할 의도는 없다. 그런 경우라면 어떻게 우리의 공장들이 돌아가고, 어떻게 우리의 가정들이 유지되고 또 어떻게 우리의 식탁을 차릴 수 있을까?"라고 털어놓았다. 1786년에 협회회원으로 거론되는 캔터베리의 대주교는 "주일학교가 평민들의 품행을 제대로 개선한" 것에 주목했다고 보고했다.

빈민들은 후원자들의 자선 역시 잊지 못했다. 조너스 해네이는 이후에도 계속해서 등장한 주일학교 안내서를 1786년에 최초로 집필했는데, 그 내용에 따르면 "학생들"은 "수많은 성직자, 귀족, 명문 출신, 그리고 기타 인사들이 여러분을 보호한다. 그리고 그분들은 여러분을 현명하게 만들고 싶어 한다." 사실을 새겨들어야 했다. 교사들은 학생들에게 "본인은 하나님과 여러분의 후원자들에게 여러분이 정의롭게 행동하고, 여러분 가운데 한 사람도 게으르거나 무익하지 않다는 것을 확인할 책임이 있다"고 말해야 할 의무가 있었다.[6] 진지하게 보수적인 초기 주일학교의 후원자들은 개인들에게 관대한 감정을 소유했을 뿐만 아니라 계급을 엄격하게 구분했다. 빈민의 처지에 대한 그들의 감수성은 자신들이 속한 계급에서는 유별난 것이었지만, 잠재적인 지지자나 적이라고 할 수 있는 학생들에게 오해를 사지 않으려는 욕구가 더 강했다.

주일자선학교의 성장은 1780년대의 현상이었다. 1787년까지 대략 250,000명의 어린이들이 등록했다. 신문기자이며 발행인이었던 레익스의 영향력은 팍스의 협회처럼 그 개념을 보급하는 데 도움이 되었다. 하지만 엄청난 인기와 성장을 가능하게 한 보다 결정적인 요인은 사람들 자신과 사회의 합의에서 비롯되었다. 빈민들에게 있어서 주일마다 열리는 학교는 보다 나은 생활로 나가는 첫걸음을 상징했다. 만일 어떤 평민에게 글을 읽을 수 있는지 물으면 이런 대답이 돌아왔을 것이다. "아닙니다. 저는 주일학교가 없었을 때 태어났습니다. 그런데 제 자식은 정말 멋지게 읽을 수 있답니다."[7]

주일학교는 기존의 자선단체들과 달리 빈민의 적대감이나 원한을 사지 않았고 종교교육에 관한 교회의 무관심을 바로잡는 구실을 했다. 무엇보다 주일학교는 영국의 신흥 산업사회에 속한 평민의 교육적 욕구에 부응하는 저렴한 도구였다. 노동자는 주중에 제재를 받았고 주일에는 종교의 지배를 받았다. 누구의 황소도 피해를 입지 않았고, 또 당시에는 그럴 것처럼 보였다.

"자선 왕국"

주일학교를 개신교의 "자선 왕국"으로 이끌어간 것은 복음주의의 추진력 덕분이었다. 윌리엄 윌버포스가 이끌던 클램햄 모임은 영국 교회와 보조를 맞추었다. 성공회 복음주의자들은 웨슬리 형제나 감리교협회만큼이나 "19세기 초반의 영국 풍속과 품행을 확고하게 개선할" 책임이 있었다. 대략 1790년경에 시작된 윌버포스의 "성실하지만 별것 아닌 시도들"은 25년 동안 "잘 조직되고 뛰어나게 지도된…그리고 아직 완벽하게 인정을 받지 못한 같은 규모, 같은 숫자 그리고 같은 능력을 지닌 매체와 자원을 활용하면서 훌륭한 개혁 운동"으로 세력을 확장했다.[8]

주일학교가 참여하게 된 영국의 "자선 왕국"에 대한 다음의 묘사에는 약간의 과장만 눈에 띌 뿐이다.

윌리엄 윌버포스(1759-1833).
영국 요크셔 헐의 생가에 세워진 그의 동상

성경, 설교 그리고 기도서를 어디든 보내고 그리고 시골소녀를 가정에 붙잡아두기 위해서 술집과 주일에 열리는 시장을 제지하는 협회들이 있었다. 기성 교회의 전례서에 의거하거나 또는 그것들이 아닌 언제나 어떤 종교 전례서에 의거해서 유아, 성인, 청소년, 고아, 여성 고아, 성인 고아, 그리고 거의 다른 모든 사람을 교육시키는 협회들이 있었다. 귀머거리와 벙어리, 정신병자, 장님, 병자, 불구자, 적자와 서자, 굴뚝 청소부 조수를 위하고 톰 페인과 셸리에 대항하고, 청소년 매춘부를 지원하고 나이 어린 거지를 반대하고, 궁색하지만 행실 좋은 과부, 시골의 가난하지만 경건한 성직자, 연해 지역의 가난한 여자들, 궁색한 외국인, 소규모 채무자, 죄수, 여성 망명자, 도움을 받아야 할 극빈자, 품행이 좋은 유부녀나 뒷말 없는 미혼녀, 병원 안팎의 환자들, 간단한 일반 질환을 앓는 외국인을 위한 협회들이 있었다.…특히 절제를 강조하는 협회들이 있었다.[9]

주일학교는 이처럼 놀라운 자발적 시도 가운데 한 가지 작은 표현에 불과했다. 가령 1803년에는 빈민소년들의 굴뚝청소 폐지협회와 런던주일학교연합회라는 두 개의 협회가 만들어졌다. 후자는 급속히 성장하는 사업의 중추신경 구실을 해서 팍스가 주도하는 협회를 압도했다. 가장 활발한 학교들 대부분이 비국교도들(감리교인들과 기타 교인들)의 지원을 받기는 했지만, 적어도 잠시 동안 그 운동의 운명은 대체로 성공회 복음주의자들의 손에 달려 있었다.

이런 모임에서 여성들의 활약은 눈부셨다. 주일학교 분야에서는 레익스의 동료이며 어린이용 "표본이야기"를 집필한 새라 트리머가 초기에 운동을 주도하다 보니 새로울 게 없었다. 그녀는 왕족을 자주 찾아갔고 조지 3세의 부인 샬롯 왕비에게 새롭게 등장한 제도의 장점을 소개했다. 가장 위대한 복음주의 여성은 윌버포스 모임을 주도했고 새무얼 존슨이 경탄한 18세기 문학의 빛줄기 해나 모어였다. 그녀는 동생과 함께 20,000명의 기층민 출신의 어린이들이 근면과 경건을 배우던 소머셋 학교에 관현악단을 조직했다.

주일학교가 윌버포스 계열과 제휴 상태에 들어가자 기성 교회 내부의 비복음주의 집단에게서 비난이 쏟아졌다. 1780년에 내려진 캔터베리 대주교의 친절한 승인은 효력을 상실했다. 주일의 수업은 "광신의 온상"이 되고 있다는 비난을 듣게 되었는데, 이 말을 간단히 옮기면 지배층이 프랑스혁명에 우호적인 정서를 두려워해서 영국인들이 선호하는 1790년대의 "바이러스"가 영국해협을 넘어오지 못하도록 막았다는 뜻이었다. 로체스터의 주교는 절망했다. "**무신론적**이고 **불순한** 학교들이 이 나라에 **창궐하고** 있다. 자선학교와 **주일학교**로 위장한 학교에서 말할 수 없이 천박한 계급의 자녀들이 정신을 차리고 있다. 달리 말하면 종교, 법률, 그리고 복종을 완전히 경멸하도록 가르치고 있는 것이다."[10]

주교의 성급하고 지나친 비난은 레익스, 팍스 그리고 그들의 동료들이 두려워했던 바로 그것이고, 그들이 학급제도를 전혀 변경하려들지 않았던 이유였다. 하지만 일시적으로 주일학교가 감수해야 했던 악명은 프랑스혁명보다는 영국 교회의 정치와 더 큰 관계가 있었다. 고교회 일부 신자들은 감리교인을 비난했고, 주일학교운동을 받아들인 기성교회 내부의 복음주의자들을 간접적으로 공격했다. 윌버포스에게 가해진 공격은 치밀하게 계산된 것이었다. 18세기를 능가할 정도로 격렬하게 논쟁을 벌인 19세기에는 윌리엄 피트 수상이 국회로부터 주일학교를 금지시키라는 권고를 받아야 했다.

영국의 복음주의자들은 저항에 흔들리지 않았다. 그들은 활력을 제공하는 비전과 자신들의 운동에 대한 정의감으로 버텼다. 역사학자 로버트 켈리의 지적처럼 그들의 의도는 "각 개인과 사회에 개별적인 순수함과 성실함을 회복시키는 것"이었다. 그런데 그것은 도덕법에 관한 철학적 주장이 아니라 "청중들에게 그들 자신들의 타락한 삶에 대한 철저한 자각을 불러일으킬 때 가능한 것이었다. 사람들이 자신들의 야만성에 질겁하고, 피할 수 없는 지옥에서의 운명을 확신할 경우에만 복음주의자들이 예수 그리스도의 용서하시는 사랑과 희생 덕분에 감미로운 선물이 주어졌다고 묘사한 것을 제대로 깨닫기 시작할 것이다."[11]

영국계 미국인 사회

대영제국에서 출발한 복음주의자들에게서 전해진 주일학교 형태는 미국에서도 다르지 않았다. 하지만 신대륙의 자선 사업가들은 윌버포스의 조직이 주도권을 잡기 전에 영국으로부터 주일자선학교를 빌려왔다. 독립전쟁이 종전되고 채 7년이 지나지 않았을 때, 즉 레익스가 주일학교를 시작하고 나서 대략 10년쯤 되었을 때 필라델피아의 뛰어난 사람들이 주일협회를 결성했다. 펜실베이니아의 조직은 독립전쟁 뒤에 극단적으로 영국을 혐오하던 시기에 조심스레 수용되었음에도 불구하고 팍스가 출범시킨 협회와 거의 다르지 않았다. 주일협회는 레익스와 팍스의 생각에 호응해서 이따금씩 "최악의 목적, 즉 나락에 떨어진 품행과 태도에나 쓸모가 있던" 주일마다 "가난한 부모의 자녀들"을 가르치는 일에 착수했다.

필라델피아의 주일학교협회는 도시 빈민 자녀들을 위한 공립학교가 시작되었다는 표지가 되었고, 그 협회는 최초의 미국식 다원주의를 실험했다. 평신도 보편구원론자일 뿐 아니라 의사이며 건국의 아버지인 벤자민 러시, 로마 가톨릭의 평신도 매튜 캐리, 펜실베이니아의 성공회 주교 윌리엄 화이트가 후원했다. 화이트 주교는 주교서품을 받으러 영국을 방문했다가 주일학교를 접하고서 그 개념을 미국에 소개한 인물에 끼게 되었다. 신흥국가는 영국 주일학교의 운영방식을 1790년대 이후로 19세기 초반까지 계속 모방했다. 동시에 그 운동은 점차 복음주의의 우산 밑에 들어가게 되었는데, 그것은 다원적으로 결집된 후원자들이 개방된 역사를 압도하지 못했다는 것을 의미했다. 북대서양을 마주보는 복음주의자들 끼리 영국계 미국 사회에 대한 어떤 동일한 태도를 동시에 형성하고 있었다. 먼 거리, 불규칙한 우편 그리고 1776년의 결별에 의한 균열에도 불구하고 영국계 미국 사회의 구성원들은 "서로를 방문했고,…대서양을 초월하는 대규모 가족집단을 형성했고, 그리고 교회 및 세속사회에서 함께 개혁운동을 시작했다."[12] 복음주의 네트워크는 상업이나 경제 형태와 궤를 같이했다. 필라델피아, 뉴욕 그리고 보스턴은 미국에서 최초로 주일학교가 크게 발전한 도시들이었다. 이런 항구도시들에 등장한 주일학교 지도자들은 대부분 영국인들과 접촉하는 상인들이었다.

넓게는 미국식 "자선 왕국"을 그리고 좁게는 주일학교를 결합시킨 대륙 간 복음주의자들의 범위와 중요성은 뉴욕 출신의 두 여성의 경험 속에 드러나 있다. 이자벨라 그레이엄과 그녀의 딸 조앤나

미국 최초의 정신과 의사이며 건국의 아버지인 벤자민 러시(1745-1813)

베순의 다양한 관심은 영국으로부터의 독창적인 차용, 그리고 대체로 복음주의적 열정을 보유하면서도 교파와 무관하고, 활기찬 자선단체가 혼란스럽게 배열되기 시작했다는 것을 입증했다. 그레이엄과 베순의 활동은 영국의 새라 트리머와 해나 모어에 의해서 구축된 선구적인 여성의 리더십이 미국에서도 지속되었다는 것을 역시 보여준다.

그레이엄 부인은 스코틀랜드에 거주하는 친구들과 긴밀한 관계를 유지했다. 자신의 자서전에서 품위 있게 소개했듯이 "경건한 감정의 상호교환"은 대서양 양편에서 소중하게 받아들여졌다. 해외로부터 부흥운동에 관한 설교, 소책자 그리고 보고서가 전해지면 그레이엄 부인은 친구들을 규합해서 소식을 전달하고 미국에서 책임을 감당할 수 있도록 기도로 도움을 구했다. 이런 상호교류는 원주민들과 변방의 가난한 정착민들, 그리고 뉴욕 고아원의 전신인 "어린자녀를 둔 과부를 돕는 협회"에 선교사들을 파송하는 협회처럼 여러 사업들을 시도하게 만들었다.

미국 주일학교는 베순 부인이 19세기 초반에 스코틀랜드를 방문하고 난 뒤에 추가로 탄력을 받았다. 그녀는 우연히 에든버러의 무료안식일학교협회를 접했고, 덕분에 미국에 필요한 새로운 운동을 발견했다. 영국의 친구들에게서 상당한 호응이 잇따르자 그녀는 1816년에 뉴욕 시에서 "안식일학교를 장려하는 여성연합회"를 출범시켰다. 강령은 브리스톨 주일학교연합의 것을 "거의 수정 없이" 가져왔다. 목적과 구조의 표절은 흔했다.

초기 주일학교의 여성 지지자들은 권력을 부여받거나 인정받는 것을 고집하지 않았고, 심할 때는 아예 의식하려고 하지 않았던 것 같다. 하지만 여성이 주도할 수 있는 일부 교회활동 분야에서는 우위를 점유했다. 베순 부인은 일부러 자신의 조직에 "여성"이라는 명칭을 붙였다. 하지만 해결되지 않은 몇 가지 문제들이 주일학교 주변에 잠복해 있어서 그녀는 여성연합회의 깃발을 쉽게 들지 못했다. 가르친다고 하면서 슬그머니 안식일을 범하는 일에 동참해야 할까? 뉴욕의 성직자들은 대개 주일학교운동은 물론이고 그런 질문에 무관심한 반면에 평신도들은 지지를 호소하는 베순 부인에게 서서히 반응을 보였다. 마침내 베순은 자기 부인에게 "남성들을 기다리는 것"은 소용이 없으니 사업을 직접 시작하려면 "교파가 서로 다른" 부인들을 규합할 필요가 있다고 말한 것으로 전해진다.[13] 그녀의 남편이 남성 후원자들에게만 개방된 뉴욕주일학교연합회가 출범하는데 기여한 것은 당연한 수순이었다.

"경건한 여성들"의 그런 후원은 주일학교가 성직자들이나 평신도들의 반발에 직면할 때마다 대체로 유용했다. 전형적인 저항의 사례는 여성들이 학교 설립을 희망하던 매사추세츠의 미드웨이에서 1817년에 발생했다. 젊은 목회자와 집사들이 한동안 승인을 보류했다. 회의적인 사내들은 "이 젊은이들이 스스로 지나치게 많은 일을 떠맡고 있다"고 비판했다. 그리고 일각에서는 비꼬는 투로 말했다. "이 여성들은 장차 강단을 차지하게 될 것이다."[14]

실제로 주일학교 교실에서 새라 트리머의 "표본이야기"와 기타 영국 작가들의 자료를 재미있게 활용하는 여성들이 눈에 띄게 늘어났다. 미국 복음주의자들은 항구 도시와 개척지의 어린이를 위한 소책자나 서적이 필요하자 19세기 후반까지 소규모의 문헌을 독자적으로 생산했다. 나태함을 무자비하게 다룬 "꼬마 톰과 게으름뱅이 피터"처럼 영국 냄새를 물씬 풍기는 작품을 1817년에 펜실베이니아 서부지역 출신의 소년이 읽는 모습을 상상만 해도 다소 우스꽝스럽지만, 그런 자료들이 제공되었다. 주일학교의 역사에서는 미국 개척민들의 자녀들과 런던의 어린이들이 서로 달리 받아들인 온갖 유머와 그에 따른 어색함은 대서양을 마주한 복음주의자들의 경험이나 공통된 목적의식보다는 중요하지 않았다.

분열의 시작

1820년대부터 영국과 미국의 주일학교 사이에 균열이 드러나기 시작했다. 복음주의적 관점을 공유한 것과 미국의 차용에도 불구하고 신세계에서의 결별은 어쩔 수 없었다. 일차적으로는 지지층이 갈렸다. 19세기 초반의 영국 주일학교는 현실적인 목적을 최대한 고려해서 빈민의 자녀를 위한 제도에 머물렀다. 미국에서의 목적은 더욱 포괄적이었다.

1889년 런던의 메이어 경은 자신이 50세가 될 무렵에는 기층민들 대부분이 주일학교에서 교육을 받았다고 회고했다. 이 일일 자선기관은 기부자와 수혜자 간의 사회적 간격을 부단히 인식하는데 모든 관심을 집중한 선행의 결과물로서 오랫동안 지속되었다. 가난한 부모들에게 자녀를 주일학교에 보내도록 권하면서 일찍부터 그렇게 하지 않은 것을 비난하는 1813년의 어느 공식 통지문은 이렇게 시작된다. "자비롭고 인정이 넘치는 사람들이 여러분의 자녀들을 도우려고 전력을 다하고 있는데도 그들에게 더할 수 없는 이익이 될 일에 그토록 무심한 것을 슬퍼하지 않으면 안 된다." 40년이 흐른 뒤에도 그런 정서는 여전했다.

최초의 미국 주일학교들은 필라델피아주일협회와 마찬가지로 빈민들에게 읽기와 쓰기를 가르치는 일에 거의 전적으로 매달렸다. 하지만 계급 지향적인 사업은 민주적 평등을 자랑으로 아는 국가에서 오래 존속될 수 없었다. 물론, 계급 간의 차이는 1812년 영미 전쟁 이후에 계속된 민족주의 시대에도 존속했지만, 백인끼리 명확하게 계급을 구분하는 일은 흔하지 않았다.(1820년대에는 전체 22개 주들이 흑-백 대결구도에 접어들면서 계급제도보다 오히려 특권계급 제도를 유지했다. 11개의 자유 주와 11개의 노예 주 간의 대표적인 차이점은 특권계급 제도의 합법적인 정의에 있었다.) 빈민층은 자신들을 위한 특수학교에 관심이 없었다. 어떤 교인은 1809년에 피츠버그의 주일학교를 소개하면서 "빈민을 위한 것이라는 느낌 때문에 빈민과 부자 양쪽 모두 거리를 두게 만들었다"고 말했다.[15]

미국 주일학교의 실용주의적인 창립자들은 상반된 정책을 추구했다. 만년에 라이먼 비처는 과거를 돌아보면서 빈민이 바라지 않는다는 것을 깨달은 자신과 동료들이 주일학교의 몰락을 어떻게 막아냈는지 설명했다. 그는 지역에서 가장 유력한 가정들을 찾아가서 자녀들이 주일학교에서 빈민 자녀들과 함께 어울릴 수 있게 해달라고 호소했다. 설득력 있는 이 성직자는 어느 정도 지원자들을 확보했고, 자신의 자녀들까지 보내서 계획을 실행에 옮겼다. 그렇게 해서 주일학교에 "엄청난 박차"16)를 가하고 그 역할을 재구성하게 했다.

비슷한 구조 활동은 주일학교가 존재하는 곳마다 아주 빈번하게 발생했다. 자선을 실행하는 것으로 시작된 일이 복음적인 미국 전체를 위한 예비학교가 되었다. 비처가 소개한 개혁은 단순히 빈민의 자녀들을 주일에 열리는 학교에 보내기 위한 전략이었을까? 그런 결론을 완전히 부정할 수는 없지만 보다 더 중요하고, 사회 구조에 보다 더 깊숙이 뿌리내린 중요한 일이 발생하고 있었다. 주일학교에 미국 민주주의의 신화와 현실이 집중되고 있었고, 그래서 나머지 세계의 관점에서 볼 때 주일학교는 대부분 미국적으로 간주된 문화의 원천이 되지 않을 수 없었다. 어느 분석가는 주일학교를 예리하게 분석하면서 이렇게 지적했다. 주일학교는 "일부 미국인들이 도달했고, 나머지는 도달이 불가능하다는 것을 인정하려고 하지 않았던 중산층 수준"으로 올라가고 있었다. "빈민은 토요일 밤에 목욕을 했다. 그들은 다음날 아침 옷을 차려 입은 채 다른 사람만큼 괜찮다는 것을 입증하려고 주일학교에 모습을 드러냈다. 그들이 액면 그대로 평가를 받으면서도 그 얼굴을 씻지 않을 수 없었던 것은 미국 사회에 대한 찬사이다."17)

라이먼 비처 같은 인물들이 고객들을 혼합하는 방식으로 주일학교를 구하려고 모색하고 있는 바로 그 시기에 완만하게 확산되던 공립학교 역시 같은 수준의 효과를 발휘하고 있었다. 공립학교가 문을 열고 서서히 발전하자 주일학교는 "자선"의 이미지를 벗어버리고 읽기와 쓰기를 가르쳐야 하는 압박에서 벗어났다. 종교수업만이 주요 업무가 되었다.

 이런 초점과 기능의 변화가 북부지역의 주일학교에서 백인과 흑인 어린이들의 관계에 중대한 영향을 미친 것은 우연이 아니었다. 그 학교들이 주로 빈민의 자녀를 위해서 존재하는 한 인종의 혼합은 그렇게 어렵지 않았다. 백인 계급 전체를 아우르는 포괄성의 도입이 흑인 어린이들의 존재를 난처하고 성가시게 만들었다. 불과 몇 개의 통합 학교들이 북부에 자리 잡고 있었을 따름이었다. 전반적으로 거론하자면, 미국 주일학교운동은 영국 복음주의자들이 계급의 한계를 반영했던 것처럼 문화적인 특권계급의 한계를 충실하게 준수했다. 런던주일학교연합회의 기록 담당자는 필라델피아에서 활동 중인 어느 미국인 방문자의 보고를 다음과 같이 소개했다.

> 다른 학교들 가운데…전국적으로 예외 없이 유색인종의 자녀들인 어린 굴뚝 청소부들을 위한 곳이 하나 있었다. 그는 일의 성격상 그런 것이 아니고(웃음) 본래 그렇게 태어나서 그렇다고 했는데, 이렇게 과거에 무시되던 계급의 자녀들에 대한 주일학교의 영향은 정말로 대단했다. 과거에 그들은 필라델피아 도시 전체에 거주하는 사람들 가운데 가장 천하고 무식한 계급에 속했지만, 지금은 아침에 일하러 나가는 그들의 입을 통해서 아가서를 들을 수 있을 정도로 엄청난 변화가 일어났다.[18]

북부에서는 특권계급의 장벽이 폭넓게, 그리고 어쩌면 무의식적으로 수용되고 유행했지만 남부에서는 서서히 주일학교를 채택해야 했다. 부분적으로는 주일학교가 흑인 교육과 동일시되거나, 혹은 동등하게 취급되었기 때문이다. 1831년 이후로 남부의 백인들은 문자해독과 통제 불가능한 흑인 종교가 야기할 수 있는 것을 일깨우는 네트 터너의 반란을 기억하고 있었다. 주일학교가 흑인을 위한 교육 장소로 비쳐진 것이 어쩌면 남부 침례교인들이 그 운동에 참여하는 것을 망설이게 만들고, 미시시피 지역에서 주일학교 활동이 아주 느리게 진행된 한 가지 이유가 될 수도 있다.

한 마디로, 1820년대에 볼 수 있었던 영국과 미국 주일학교 간의 첨예한 차이는 3, 40년대에 서부의 현실과 도전이 신세계 개신교인들의 의식 안으로 밀어닥치는 순간에 더 크게 벌어지게 되었다. 미시시피 계곡이라는 거대한 지역의 개척민들은 마침내 젊은 국가의 운명을 결정하게 될 미래의 권력의 핵심을 소유하고 있었다.

라이먼 비처와 같은 인물들은 주권이 동부에서 서부로 이동하고 있다는 사실을 간파했다. 만일 종교적이거나 공화적인 제도가 애팔래치아 산맥을 넘어가지 못했다면 번영과 순수함의 화해는 지속되지 못했을 것이다. 임박한 위기를 의식한 비처는 1828년에 주일학교를 번영과 순수함의 화해자로 추켜세우는 글에서 "국가의 지적 및 도덕적 문명"의 촉진자로 제시했다.

1. Dagobert D. Runes(ed.), The Selected Writings of Benjamin Rush(New York: Philosophical Library, 1947), 88.
2. Perry Miller, The Life of the Mind in America(New York: Harcourt, Brace and World, Inc., 1965), 7.
3. Daniel Dorchester, Christianity in the United States(New York: Philips and Haunt, 1888), 426.
4. G. Webster, Memoir of Robert Raikes(Nottingham: G. W. Webster, 1873), 18.
5. Joseph Ivimey, Memoir of William Fox, Esq.(London: printed for George Wightman, 1831), 18.
6. Jonas Hanway, "A Comprehensive Sentimental Book for scholors learning in Sunday Schools," included in A Comprehensive View of Sunday Schools(London: N. P., 1786), 12, 13.
7. William Jones, Memoir of the Rev. Rowland Hill(London: Henry G. Bohn, 1853), 413.
8. Ford K. Brown, Fathers of the Victorians(Cambridge at the University Press, 1961), 4.
9. Ibid., 327-28.
10. Rowland Hill, An Apology for Sunday School(London: C. Whittingham, 1801), vii 에서 인용.
11. Robert Kelly, The Transatlantic Persuasion(New York: Alfred A. Knopf, 1969), 157.
12. Ibid., 112.
13. George W. Bethune, Memoirs of Mrs. Joanna Bethune(New York: Harper & Brothers, 1863), 120.
14. E. O. Jameson, Historical Discourse(Boston: Alfred Mudge and Son, 1877), 82.
15. James I. Brownson, A History of the First Presbyterian Church of Washington, Pa.(Washington: 1866), 6.
16. R. G. Pardee, The Sabbath-School Index(Philadelphia: J. C. Garrigues and Co., 1868), 19.
17. Charles I. Foster, An Errand of Mercy(Chapel Hill: The University of North Carolina Press, 1960), 166.
18. Sunday School Union of London Proceedings, Annual Meeting(May 13, 1828).20.

CHAPTER
03

가난한 지역마다

흥분이 확산되고 있습니다.
주일학교를 소개한 어느 개척민

복음주의적 개신교라는 "자선왕국"이 미국을 계속 붙잡아두려면 서쪽으로 진출하지 않을 수 없었다. 주일학교는 대표적인 이주 수단이었다. 변경에 제일 먼저 도착한 통나무집 개척민들은 정원 같은 자연, 화약과 총알, 거친 날씨와 인디언 걱정이 일상적이었는데, 거기에 주일학교가 추가되었다. 거친 생활 그 자체만큼이나 과도기적이었던 주일학교는 오지에서 목재를 확보하려고 뛰어든 용감한 사람들을 자주 뒤따랐다. 개척민들을 따라와서 정착한 사람들은 그 학교에서 고향의 느낌, 얼마 되지 않는 책, 그리고 교양의 가능성을 접했다. 개척민의 세 번째 물결인 상인들이 도착했을 때 그들은 주일학교를 확실한 경계표로 간주했다.

19세기 후반의 어느 서부 개척민 가정의 모습

미국 역사 교과서의 편집자들과 변경지역의 풍습 연구자들 대부분이 미국의 초창기 풍경에서 일상으로 간주할 정도로 주일학교는 일찌감치 애팔래치아 산맥 서쪽에 확실하게 자리를 잡았다. 하지만 확산의 진행은 저절로 이뤄지거나 간단하지 않았다. 1824년에 필라델피아에서 출범한 미국주일학교연합회는 포목상들이 신시내티 북쪽의 작은 마을로 물건을 가져가면서 도덕과 신앙교육이 가능하다고 장담하던 "자선왕국"의 대리점이었다.

미국주일학교연합회는 1830년에 비록 마무리는 못했지만 운동이 발전하는 데 반드시 필요한 도전을 제공한 대담한 사업에 착수했다. 그 단체는 2년 안에, 그리고 "하나님의 도움"에 힘입어서 "미시시피 계곡 전체에, 가능하면 가난한 모든 지역에 주일학교를 한 개씩" 설립하기로 결의했다.[1] 한꺼번에 진행된 "계곡 캠페인"에 대한 요청과 장로교 총회의 따뜻한 승인은 과장된 행동이었다. 그들이 정의하듯이 미시시피 계곡은 펜실베이니아의 해리스버그에서 로키 산맥까지, 캐나다에서 멕시코 만까지 뻗어있었다. 미시시피 계곡은 당시 국토의 3분의 2가 넘었다.

웅장한 이 '2년짜리' 계획은 세 명의 직원으로 구성된 자발적인 신생 단체가 담당했다. 일부 부유한 평신도들이 힘을 보탰지만, 대개는 자원자들의 열심에 의지하는 불안정한 운영 상태를 벗어나지 못했다. 캠페인은 운동에 필요한 영웅들을 직접 조달했다. 1830년부터 계속된 주일학교대회는 육체적인 어려움, 이교도, "로마교인" 그리고 조롱하는 이들과 장렬하게 맞선 선교사들의 보고를 접하고서 흥분에 휩싸였다. 서부의 낭만적인 경험이 더 한층 지루한 상황에서 일하는 자원자들의 사기를 떠받쳤다. 서부에서 모험을 하거나 집에서 머물거나 공통적으로 수용했던 새로운 명분, 즉 공통의 과제가 여기에 있었다.

계곡 캠페인은 서부에 진정한 애국심과 신앙을 심으려는 한 가지 노력에 불과했다. 일과적인 감리교회, 성공회 그리고 침례교회 교인들과 손잡은 회중교회와 장로교회의 중추적인 교인들 덕분에 1815년부터 1826년까지 서부의 개발과정에 일조했던 교파와 무관한 다섯 개의 협회들이 등장했다. 그 가운데 하나가 미국주일학교연합회였다. 1815년에 목회지원자 훈련에 보조금을 후원하려고 보스턴에 설립된 미국교육협회 역시 전통적인 신학교육의 형식을 구축했다. 뿐만 아니라 1826년에는 목회자에게 생활비를 지급하는 가난한 교인을 후원하고 서부의 새로운 정착지에 목회자를 파송하려고 미국가정선교협회가 뉴욕에서 출범했다. 1816년에는 성경의 배포를 위해서 미국성서공회 설립되었는데, 1861년 이전까지 개척민들에게 수백만 권의 성경을 나눠주었다. 그리고 9년 뒤에는 같은 곳에서 미국소책자협회가 결성됨으로써 남북 전쟁 이전까지 대략 200만권의 저서와 소책자가 출판되었다.

다섯 개의 협회들 모두 "연합 원리," 절박한 위기와 당면한 미래의 잠재력을 실감한 바 있는 성실한 창립자들, 그리고 새로운 전략을 발견하고 연마하기 위한 결단과 더불어서 어떤 공통적인 특징을 향유했다. 주일학교의 계곡 캠페인은 19세기의 이런 개혁 정신의 징후를 반영했다.

"더욱 완벽한 연합"

"연합 원리"가 없었더라면 복음은 미시시피 계곡을 파고들지 못했을 것이다. 다섯 개 협회 지도자들은 기관이나 교단이 단독으로 차지하기에는 변경이 지나치게 넓다는 것을 알고 있었다. 따라서 단체들끼리는 협조 전략이 필수적이었다. 성격상 단체들은 도움을 받으려고 경쟁을 하면서도 어쩔 수 없이 도움을 주고받으면서 활동해야 했다. 현장에서는 늘 책임 소재가 불분명했다. 주일학교연합회가 파송한 주일학교 사역자들은 또 다른 단체가 공급하는 성경과 소책자를 배포했다. 1831년까지 협회들의 전체 관심 분야에서 활동하는 가정선교회에 소속된 436명의 서부지역 선교사들 덕분에 어느 주일학교든지 회중을 확보하는데 결정적으로 기여할 수 있었다. 선교사들은 주일학교를 시작하면 필라델피아의 주일학교연합회에 곧장 보고했다.

"연합 원리"는 미합중국이 형성되어 가는 19세기 초반에 전체적으로 빛을 발한 개념이었다. 누구도 종교 및 정치적 차이라는 현실을 의심하지는 않았지만, 주일학교연합회와 기타 단체들은 다양성 가운데 일치를 무엇보다 희망했다. 주일학교의 전략은 이런 관점을 벗어나지 않았고 과감하게 제시되었다. 즉, 가능하면 교리나 정치적 차이를 무시한다. 목적과 실행에 있어서 철저하게 교파를 초월한다.

비교파적 성향은 나중에 논란을 피할 수 없었다. 1830년대에는 그것이 중요한 것처럼 간주되었다. 드문드문 정착이 이루어진 계곡

· 주일학교연합회의 파송을 받은 선교사(오른쪽)와 개척민 가족

의 "가난한 지역마다" 주일학교를 설립하는 것은 교파적으로 접근하면 상상할 수 없었고, 경우에 따라서는 자해적일 수도 있었다. 주일학교연합회의 한 보고서에 따르면 상당한 호의적 성향을 지닌 주민의 "도덕적 능력과 종교적 영향이 연합회가 운영하는 학교에 집중되었을" 때조차 그 결속력은 "그저 잡다한 성격과 주변 주민의 정돈되지 않은 습관 정도로 무력한 것으로 간주되었다." 전도자들은 기독교의 핵심적인 진리를 가르치려면 "눈과 마음부터 나름의 특징"을 포기해야 한다는 충고를 들어야 했다.[2] 에큐메니컬 운동 이전인 19세기에는 "눈과 마음"으로 필요를 느끼고 조심하는 게 가장 높은 수준의 초교파 운동이었다. 주일학교 선교사들을 교육하고 문고 판매를 촉진하는 방법에는 경고, 그리고 어쩌면 정략적인 태도가 분명했다.

1832년에 서부에 배치된 사역자들은 "종교적 견해를 달리하는 사람과의 논쟁이나 토론을 특히 조심스레 피하라"는 요구를 받았다. "그 어떤 그리스도인의 마음을 상하게 할 수 있는 성향의 교파주의나 발언은 일절 피해야 한다.…**노예제도라는 미묘한 문제에 관한 어떤 비판이든지 삼가야 한다. 무분별한 비판은 커다란 상처를 입힐 수 있다.**" 일차적인 목표는 "모든 어린이와 청소년을…복음의 영향을 받게 만드는 것"이었다.[3] 따라서 사회 및 정치적 문제들에 침묵하고 무시하는 전략은 필수적인 것으로 간주되었다. 노예제도는 무엇보다 심각한 대중적 현안이었고 어떤 협회나 학교든지 아주 간단하게 파괴할 수 있었기 때문에 금기사항이었다. 주일학교운동과 복음주의 개신교는 대개 노예제도에 대해서 줄곧 애매한 자세를 취하려고 했고, 노예제도가 조직적인 차별로 대체된 이후에도 역시 변하지 않았다. 주일학교들은 대부분 인종적 평등에 대한 복음의 근거를 뒤늦게 찾아냈다.

비당파적 성향은 주일학교 문고를 규합하고 촉진하는 주일학교연합회의 프로그램에서도 유지되었다. 주요 교단을 대표하는 평신도 위원회가 목록을 결정했는데, 소속된 교단의 심기를 불편하게 할 수 있는 출판은 누구든지 제지할 수 있었다. 주일학교연합회가 서로 적대적인 미국 개신교 교단들과 외교적인 관계를 유지하려면 이런 식으로 거부권을 행사하는 정치를 피할 수 없었다. 예를 들어 아동용 도서는 "계급이나 특성에 관계없이 아동과 청소년에 적합했다. 도서에는 교파적, 종파적, 혹은 정치적 편향이나 선입견을 거슬리는 게 전혀 없었다."[4]

원만한 관계를 유지하려는 이런 힘겨운 시도는 호평과 비평이 함께 따라붙었다. 위대한 19세기 미국 교회사학자인 로버트 베이어드는 주일학교 출판물이 복음주의 교단의 교리와 전혀 "모순되지" 않고, 교회가 너무 작아서 따로 기독교교육을 실시할 수 없는 지역에는 축복이라고 인정했다. 하지만 간절한 경고에도 불구하고 주일학교연합회는 다른 교파 교인들의 걱정을 사거나 보복을 당하기도 했다. 계곡 캠페인을 어린 세대의 관심을 사로잡으려는 장로교회의 음모로 보는 이들은 별다른 관심을 보이지 않았다. 다양한 교파에 속한 교인들은 주일학교연합회를 대표하는 지도력이 늘 장로교식이라는 인상을 받았다. 일각의 그런 의심은 1827년에 감리교주일학교연합회를 조직한 이들에게까지 당연히 전달되었다. 1826년에 결성된 미국성공회주일학교연합회는 "교단과 무관한" 기관의 야심찬 시도에 맞서는 또 다른 대항책이었다. 성공회 주교 윌리엄 미드는 "소중한" 주일학교연합회를 칭찬하면서도 출판 자료들이 "복음과 결합된 상이한 교단들"의 독특한 특징을 반영하지 못했다고 유감을 표시했다.5)

"연합 원리"가 무난하게 만들어졌더라도 교단 지향적인 교인들은 교육기관을 구성하고, 새로운 세대의 충성심에 영향을 끼치고, 대규모 종교 출판사업의 이윤을 확대하고, 그리고 서부에서 새로운 교인들을 확보할 수 있는 기회를 잃어버리고 싶지 않았다. 하지만 1830년대와 1840년대의 미국 교단들은 이제 막 모습을 갖추는 비교적 새로운 개신교식 삶의 결과물이었다. 나중에 기독교교육위원회로 발전한 각 교단의 주일학교연합회는 1830년대에는 큰 힘을 발휘하지 못했다. 따라서 주도권은 미국주일학교연합회를 주도하는 소수 집단에게 돌아갔다. 미래에 대한 연합회의 강력한 비전은 야만의 지배하지 않도록 서부를 장악하라고 요구했다. 그 운동의 영향은 주일학교가 번영과 순수함이라는 고유한 꿈을 물려준 미국 개신교와 비개신교의 주류 문화에서 오랫동안 감지되었다.

야만의 위협

계곡 캠페인은 1830년과 1831년에 대서양 연안에서 상당한 주목을 끌었다. 필라델피아의 한 집회에서는 5천 달러 이상이 모금되기도 했는데, 그런 대규모 집회들이 드물지 않았다. 주일학교의 결의에 고무된 가장 흥미로운 집회는 1831년 2월 16일에 열린 미국 의회의 양원 합동회의였다. 와병 중인 앤드류 잭슨 대통령이 유감을 알려왔고, 수많은 상하원 의원들이 주일학교와 서부에 관해서 논의하러 모여들었다. 나중에 미국 국가를 작사한 프랜시스 스콧 키의 동의로 테네시 주의 펠릭스 그런디 의원이 사회를 맡았다. 그런디 상원의원은 주일학교연합회의 부회장이었지만, 주일학교운동의 초기 역사에서는 그의 부인이 훨씬 더 유명했다. 1820년에 그런디 부인이 오늘날 모두 세계 주일학교의 수도로 인정하는 내쉬빌에 종교 학습 자료를 생산하는 공장이 대여섯 개 딸린 주일학교를 처음 설립해서 컨츄리 음악과 선도 산업의 자리를 놓고서 우열을 다투게 되었다.

　의원들은 "가난한 지역 마다"라는 결의를 보고받았는데, 일부의 불평을 제외하면 반응은 대체로 호의적이었다. 오하이오 주의 하원의원 일라이샤 위틀지는 주일학교연합회의 결의가 계곡 지역 주민들이 동부의 같은 시민들보다 "더 타락하기 쉽다거나, 혹은 도덕적으로 더 뒤떨어진다"는 식으로 비쳐지지 않기를 바랐다. 그의 지적은 동부에서 수없이 제기되었던 노골적이고 오만한 주장에 반영된 서부에 대한 저급한 견해에 비추어볼 때 적절했다. 1835년에 집필된 유명한 『서부에 대한 답변』에 따르면, 라이먼 비처는 일부 후원자들보다 조금 더 정교했다. 그는 공화국의 제도가 보통 선거권과 일치하는지의 여부는 서부에서 대답을 구할 수 있고, 특별히 서부의 주민들은 마음과 정신의 교육을 성취하고 법률과 덕목을 영속화하는 도전과 맞서기 위해서는 도움이 필요하다고 주장했다. 비처는 자신이 두려워하는 것을 잘 알았다. 그는 "교육받지 못한 사람들로부터의 위협은 우리 제도에 대해서 생소하고, 자제하지 못하고, 교육으로부터 차단되고, 선입관에 쉽게 이끌리고, 또 습관적으로 경신에 빠지고, 술책을 부리고, 게다가 불의한 일을 쉽게 저지르거나 행동으로 옮기는 보다 더 큰 부류인 외국 이민들의 급격한 유입으로 하루가 다르게 증가하고 있다"고 말했다.

어째서 "습관적으로 경신에 빠지고," "술책을 부리고," 그리고 "불의한 일"이라는 식의 어둡고 악의적인 표현들을 동원한 것일까? 주일학교 운영자들은 동부에서 그런 식의 발언으로 기금을 끌어 모았기 때문에 일부는 험담도 마다하지 않았다. 하지만 그런 표현들은 가톨릭 교인들을 두려워하고 민주당원들 때문에 가끔씩 분통을 터뜨리는 주일학교 사람들까지 이중적으로 위협하는 "야만적 행위"를 정확하게 예고했다.

전국적인 자선협회 운영자들은 가톨릭 교인들이 미시시피 계곡을 압도하고 결국에는 "투표로 전국을 통제하거나 경건하지 않은 자들과 동맹을 맺어서 괜찮은 정부가 출현하지 못하게" 만들지 모른다고 겁을 냈다.[6] 주일학교연합회는 1835년의 연례보고서에서 가톨릭 교인들이 서부로 밀려드는 것을 강하게 불평했다. 복음주의자들은 "유럽의 가톨릭이 교육을 통제하려고" 체계적으로 시도하면서 "사제들, 수녀들, 그리고 재산을 쏟아 붓고 있다"고 말했다. 그런 주장이 동부지역의 오해, 그리고 나중에는 "이민을 반대하는" 정서와 앵글로색슨계의 "토박이 미국인" 운동까지 아주 신속하게 파고들었지만 실제 상황은 사뭇 달랐다. 가톨릭 이민자 물결은 1830년 이후에 밀려왔지만 대개는 아일랜드계 미국인들처럼 동부 도시에 자리를 잡았다. 가톨릭계 선교협회들은 변경에서 적극적이었고 예수회는 늘 변함이 없었다. 하지만 수적인 힘에 있어서 가톨릭과 개신교는 비교가 불가능했다. 개신교는 상황을 충분히 장악하고 있었다. 가령, 서부에서 가장 강력한 지역에 속했던 신시내티의 가톨릭 교구는 1830년까지 교구학교를 독자적으로 운영하지 못했고 25년이 지날 때까지도 교육적으로는 별다른 진전을 보이지 못했다.

대부분의 지역에서 개신교인과 가톨릭 교인끼리 흔히 주고받는 거친 말과 불편한 감정이 역설적으로 공동의 주일학교 사업 덕분에 가끔 극복되기도 했다. 1840년대에 한 성직자는 독일 이민자들과 로마 가톨릭 교인들이 아이오아의 더뷰크에서 이미 공동으로 주일학교를 시작했다고 미국가정선교협회에 서면으로 보고했다. 눈치 빠르게 필라델피아의 주일학교연합회에 보고하지 않을 때도 많았지만 변경에서의 고된 삶이 그와 같은 일시적인 동맹을 촉진한 게 분명했다.

주일학교 대표자들은 야만적 행위라는 이차적 표현을 보다 신중하게 구사했다. 1830년대에 그들이 서부에서 제출한 보고서에는 무질서, 끝없는 욕망 그리고 폭력에 대한 애매한 지적이 넘쳐났다. 뉴저지 출신 정치인 시어도어 프렐링후이센은 주일학교연합회를 상대로 책임 있는 종교 세력이 "대중 정서의 개혁"을 돕지 않으면 서부는 조만간 "생활방식의 전반적인 몰락"을 겪게 될 것이라고 경고했다. 그는 전복을 두려워하는 19세기 교인의 전형적인 어법을 구사했다(오늘날의 어법은 "법과 질서"이고 사람들은 범죄자 뿐 아니라 무관한 사람들까지 표적이 될 수 있다는 것을 대개 알고 있다). 1830년대의 신중한 개신교인은 무슨 뜻으로 "생활방식의 전반적인 몰락"이라는 말을 사용했을까?[7] 휘그당과 민주당 사이의 알력을 간과하면 해명은 불가능하다.

시어도어 프렐링후이센 (1829-1835). 정치인과 법률가, 그리고 대학교 총장으로 활동했다.

서부에서 앤드류 잭슨의 성공과 "자선왕국" 대행 기관들의 확산이 한꺼번에 진행된 것은 우연이 아니었다. 테네시 출신 장군의 당선과 취임식 밤의 요란한 대통령 주재 만찬은 소위 "좋은 사람들"과 귀족들에게 걱정을 안겨주었다. 얼마 지나지 않아서 서부의 복음전도 운동에 압박이 가해졌고, 잭슨 대통령이 워싱턴에서 보낸 처음 며칠이 주일학교연합회의 계곡 캠페인에는 1년과도 같았다.

주일학교 지도자들은 대개 휘그당이 아니면 보수 진영에 속했다. 프렐링후이센이 전형적인 인물이었다. 그는 1832년 제1차 전국 주일학교사역자대회에서 임원과 대변인을 지냈고 주일학교연합회 부회장을 오랫동안 맡았다. 그는 뛰어난 휘그당원, 연방 상원의원(1829-1835) 그리고 1844년에는 휘그당의 부통령 후보로 출마해서 "보수주의의 승리를 확보할 목적으로 자신의 기독교적 재능과 헨리 클레이의 정치력을 결합하려고" 했다.[8] 무엇보다 프렐링후이센은 잭슨의 강력한 맞수였다. 그는 "선한 시민들"에게 민주당을 배격하도록 주장하면서 국가와 자유에 대한 지나친 자부심은 이롭지 않다고 경고했다. 상원의원 프렐링후이센은 1835년 주일학교연합회 집회에서 자부심과 독립정신이 법치를 위협하고 있다고 주장했다. 그의 견해에 따르면 "저항," "자유," "독립," "인권"은 지나치게 익숙해지거나 건전한 원칙을 배제한 채 적용하면 "부도덕함과 온갖 무질서에 적합한 표어들"에 불과했다.

프렐링후이센은 질병의 치료책을 확보하고 있었다. 주일학교가 느리게라도 제몫을 담당할 수만 있으면 부지런하고, 신뢰할 수 있고, 잭슨처럼 해로운 정치인들의 유혹에 휘둘리지 않는 경건한 사람을 양성하는데 도움을 줄 수 있다고 생각했다. 자선활동가들은 민주당원들에 대한 불안, 즉 무질서와 혼란이 두려워서 초기 영국의 주일학교 조직운영자들과 같은 진영에 서게 되었다. 시어도어 프렐링후이센은 1835년에 미국의 휘그당이 바라던 것보다 해나 모어와 더 많은 공통점을 갖고 있었다.

    1840년대에도 계속된 불안은 서부에서 사업을 진행하는 미국주일학교연합회의 배경이 되어주었다. "성장은 하되 미숙하고, 혼란스럽고, 소란스런 사회"를 다룬 보고서들이 후원자들을 새롭게 압박하는 데 사용되었다. 주동자들은 변경지역 청소년을 적절하게 훈련해야만 국가의 장래가 더 한층 안전해질 수 있다고 주장했다. 한마디로, 늙은 미국이 젊은 미국에게 전혀 기회를 허락하지 않은 셈이었다.

    하지만 정치적 불안만으로는 계곡 캠페인을 지속할 수 없었다. 동부의 도덕과 휘그당의 정치를 확산시키려는 바램을 넘어서는 또 다른 동기가 영향을 발휘했다. 서부와 그곳에서의 도전이 갖는 보다 큰 의미는 하나님의 섭리에 달려있다는 복음주의적 신념은 그리 대단하지는 않아도 주일학교에 한층 더 지속적으로 흔적을 남긴 것으로 보인다. 모든 지역에 주일학교를 설립하려는 시도는 **새로운 선교의 미래**로 나가는 첫걸음이었다. 1820년대와 1830년대의 지도자들은 대개 미국의 서부와 세계를 하나의 거대한 사업에 포함된 동시적인 선교의 현장으로 간주했다. 서부는 중요했다. 계곡을 장악하면 미국은 새로운 "새로운 이스라엘," 즉 하나님이 세상을 상대로 최후의 승리를 거두는데 필요한 교두보라는 운명을 충분히 성취할 수 있었다. 임무는 분명했다. 세계를 기독교화 하기 위해서 미국을 기독교화 하는 것이었다. 영혼 구원과 국가의 건설에 필요한 복음주의의 기구 가운데 핵심을 차지하는 주일학운동은 삶이 뒤틀리고 이상론이 꼬리를 내릴 때 포기해야 하는 단순한 몸짓이 아니었다. 적어도 대표적인 지도자들에게는 부지런히 움직이는 그 기관이 세상을 위한 계획을 실현하려고 하나님이 선택한 도구였다. 계곡 캠페인은 실제로 그 운명을 이끌어 가는 힘이었다.

변방마다 다수가 그 운명에 이끌렸는데, 동부의 주민들이 "가난한" 곳이라고 판단한 지역도 예외가 될 수 없었다. 1830년에 주일학교연합회가 결의하고 나서 얼마 지나지 않았을 때 세인트루이스 출신의 어느 젊은 모피상은 코네티컷에 있는 어머니에게 다음처럼 편지를 보냈다.

우리는 거인의 모습으로 빠르게 성장하는 중입니다. 우리의 어린 시절은 곧 과거가 될 겁니다. 우리를 움직이게 만드는 게 사랑뿐이라면 무지를 추방하고 죄악을 몰아내기 위해서 무슨 일이든지 해야만 합니다. 얼마 전 [장로교] 총회의 참석자들이 필라델피아에서 만났을 때 그런 생각을 했습니다. 그런데 그들은 한층 더 고상한 생각에 고무되었습니다. 하나님의 영광과 영혼 사랑이 그들에게 영향을 끼쳤습니다. 그들이 2년 만에 이 계곡의 구석구석에 주일학교를 세우겠다는 결의를 통과시켰을 때, 이전에 채택한 그 어떤 것보다 국가에 더 큰 영향을 행사할 내용이 담겨 있었습니다.

그런데 제가 무엇 때문에 이런 사정을 전하는 것일까요. **흥분이 확**

산되고 있습니다. 인간의 능력으로는 반대하거나 제지할 수 없는 흥분 말입니다. 그것은 동부에만 존재하지 않습니다. 동부와 서부를 구분하는 경계를 넘어섰습니다.

…이 학교들이 만들어질 때 교사들이 직접 담당해야 한다는 것만 의식하게 되면, 우리는 또 다른 상황의 전개를 기대할 수 있습니다. 안식일 학교들은 이 주에 거주하는 대다수 사람들이 자녀 교육을 위해서 운영하는 유일한 수단이라서 이 학교들을 설립하고, 책을 나눠주고, 그리고 자격을 갖춘 교사들이 담당할 생각을 하지 않았더라면 조상들에 비해서 조금도 나아지지 못했을 것입니다. 사랑하는 어머니, 그러니 자식 하나와 이렇게 멀리 떨어져 지내시더라도 이 위대한 사역에 참여하면서 약간 드러나지 않는 분야를 담당하는 것을 기뻐하시고 고생으로 여기지 말아주십시오.9)

미국과 세계의 미래를 건설하는 "위대한 사역"과 확실한 역할에 흥분한 계곡의 여러 동료들이 모피사냥꾼들과 함께 했다. 그들은 부족한 것을 자선으로 채우는 세계를 꿈꿨고, 그렇게 시도하기로 서원했다. 무엇보다도 그 꿈을 운명으로 활용함으로써 주일학교 세력은 하나의 운동을 형성했다.

"말은 너무 빨리 가도록 유혹한다"

뉴욕 장로교회의 가디너 스프링 목사는 19세기 초반에 복음주의가 거둔 성공의 비밀을 설명하면서 "당시는 위대한 인물들보다는 오히려 위대한 단체들의 시대"라고 말했다. 그의 지적은 정확했다. 단체들과 자선협회들은 상상력의 영역에서는 1960년대의 일부 인권 모임들과 비교가 될 정도로 정교하고 혁신적이었다. 가령, 주일학교연합회는 제한된 자금으로 야심찬 다수의 헌신을 이끌어낼 정도의 탁월한 능력을 갖추고 있었다.

그렇지만 현장에서는 위원회와 무관한 남녀들이 사역을 담당했다. 일부 주일학교 사역자, 특히 여성들은 자신들이 속한 서부의 지역 사회에서 활동했지만 수많은 사람들이 광활한 변경을 돌아다니는 순회선교사가 되었다. 그들의 배경은 다양했다. 주일학교 사역자들은 일부 안수를 받기도 했지만 대개는 평신도였고, 학위 소지자는 드물거나 확실하지 않은 2, 3년간의 학교교육을 내세우는 사람들도 있었다. 대학과 신학대학원 학생들은 방학에 사역을 감당했고, 직업으로 삼은 사람들은 하루에 고작 1달러를 받았다. 강인하고 융통성이 있어야 살아남았다. 그런 삶은 고독하고, 일시적이고 소모적이었다.

선교사들은 주일학교연합회 때문에 도보로 마을을 찾아다녀야 했다. 필라델피아에서 내리는 지시는 이랬다. "말은 너무 빨리 가도록 유혹한다. 게다가 선교사는 먹을 뿐만이 아니라 말을 하기 때문에 대개 환영을 받는다. 그가 탄 말은 환영을 못 받는다. 먹을 수는 있되 말을 못하기 때문이다." 짐승이나 마차보다 더 좋은 것은 여행용 지팡이였고, "좋은 가방에는 문고판 책, 광고용 카탈로그, 잡다한 판매용 서적들, 그리고 배포용 소책자나 전단이 넘쳐났다."[10] 주일학교연합회는 사역이 제대로 수행되기만 하면 사역자들이 활기찬 걸음보다 더 빨리 이동할 필요가 없다고 생각했다.

세련된 간접적인 경건에 익숙한 한 세대 뒤의 자유주의 개신교인들은 마음이 들지 않을 수도 있지만, 순회 주일학교 사역자들은 우연한 만남을 재빠르게 활용하고 꾸밈없이 곧장 접근했다. 털털한 스코틀랜드 이민자 존 맥컬라는 전형적인 장사꾼 교사였다. 그는 켄터키의 구릉지역에서 활동해서 "남부 주일학교의 사람"으로 알려졌다. 맥컬라의 일화에는 버크혼 크릭에 주일학교를 조직하고 나서 학교에 다닌 적이 없고 태어난 지 얼마 안 된 동생을 잃은 초라한 꼬마 아치를 만난 이야기가 있다. 이야기는 맥컬라의 질문으로 이어졌다.

"사람들이 죽을 필요가 없는 저기 위에 있는 행복한 세상을 알려주는 책을 갖고 싶지 않니?"

"갖고 싶어요." "자, 여기 있단다." 선교사는 조그만 성경을 꺼내며 말했다. "아치, 자리에 앉아라. 이야기를 들려줄 테니."

통나무에 함께 앉은 산동네 아이는 맥컬라가 들려준 그리스도, 하늘나라 그리고 영원한 생명을 하나도 빠뜨리지 않고 받아들였다. 감동한 꼬마 친구는 고개를 들고 물었다. "처음 보는 아저씨, 이름이 뭐예요?"

아이는 대답을 기다리지 않고 말했다. "아저씨 이야기를 들은 적이 있어요. 주일학교를 만든 분이죠. 맞죠? 예수님을 가르쳐주는 이 조그만 책을 읽는 법을 알았으면 좋겠어요."

"좋다. 네가 만일 버크혼 크릭의 다리 근처에 있는 주일학교에 가면 선생님들이 가르쳐주실 게다."[11]

더 잘 포장된 선교사들은 사역을 소개하고 모금을 하는 동부에서 명사가 되었다. 그들은 걸어서는 건널 수 없는 개울, 산짐승, 주정뱅이, 선교사에 적대적인 개신교인 그리고 무신론자나 자유사상가와의 논쟁에 관한 이야기로 듣는 사람들을 즐겁게 했다. 존경스런 맥컬라는 동부에서 유명 인사였지만, 그가 말을 소유했다는 것은 짚고 넘어가지 않을 수 없다.

누구보다 널리 알려진 변경의 사역자는 주일학교를 접하기 전에는 "평범하고, 배우지 못하고, 종교와는 거리가 멀었던 수리공" 스티븐 팩슨이었다. 팩슨은 자신의 딸에게 이끌려서 남부 일리노이의 초원 부락에 자리 잡은 주일학교 아침반에 발을 들여놓았다. 그는 그곳에 배우고 "회심하고" 문맹을 벗어난 뒤 이웃 동네에 주일학교를 조직해서 존 애덤스로부터 뛰어난 잠재력을 갖춘 인물로 인정을 받았다. 철저한 개신교인이었던 "미국 건국의 아버지 애덤스"는 매사추세츠에 위치한 앤도버 아카데미의 교장을 지냈고, 70세에는 일리노이에서 주일학교 사역자로서 두 번째 경력을 시작했다. 애덤스는 1840년대에 팩슨에게 선교위원에 지원하도록 격려했다.

팩슨과 그의 충성스런 말 "레익스"는 18세기 중반에 일리노이의 수많은 촌락들과 인접한 주들에도 유명했다. 사실 그는 변경의 오지를 돌보는 "순회 감독"이었다. 그 선교사는 새로운 소식을 오지에서 오지로 전달하면서 자신의 책과 교재를 판매했고, 소책자와 성경

스티븐 팩슨(1837-1881). 미국주일학교연합회 선교사이자 뛰어난 설교자로 유명했다.

을 보급했고, 그리고 상담과 교육과 설교와 독립기념일 연설을 하면서 주일학교를 설립했다. 그는 20여 년 동안 1,200개 이상의 학교들을 세웠는데, 대부분 살아남아서 교회로 발전했다. 팩슨은 주일학교에서 교회로 진행되는 단계를 이렇게 요약했다. "몇 장의 종이, 책 그리고 개인적 노력으로 아이들을 모은다.…부모들이 따라온다. 이어서 기도회가 열리고, 그러면 설교자가 도착한다."[12]

팩슨은 한 단계, 즉 회중보다 지역사회에 중요한 것을 생략했다. 그것은 "여 교사"와 공립학교의 도래였다. 주일학교는 종종 교회와 공교육 모두를 위한 모판으로 활용되었고, 어느 때는 더욱 적절한 공립학교제도의 교두보로 의도적으로 운영되기도 했었다. 인디애나 안식일학교연합회는 1827년에 그런 계획을 확실하게 표명했다. 정책에 따르면 "가능한 곳 마다 안식일학교를 설립하는" 것이었다. "그것들은 공립학교를 위해서 길을 닦고, 그 학교들이 대체로 자리를 잡기 전까지는 대안의 역할을 하는 이중적 목적에 부응할 것이다."[13]

더러 주일학교는 자리를 못 잡은 공립학교를 거의 상시적으로 대체하기도 했는데, 이것은 그리 놀라운 일이 아니었다. 주일학교는 비용이 저렴했고 초보적 수준의 문자해독을 제공하면서 높은 점수를 땄다. 1858년에 미국주일학교연합회는 전국에 철자법 책을 "수백만 권"이나 판매했다. 공립학교에서도 판매되었지만 대부분은 주일학교를 의지했다. 남부의 한 선교사는 18개월 간 주일마다 1백 명이 철자법을 배운 것에 대해서 자랑스럽게 보고했다. 가끔 서부 정치인들은 공립학교보다 오히려 주일학교에 빈민과 오지주민, 혹은 이민자들을 위한 이류 학교의 역할을 맡기고 싶은 유혹을 받았다. 1847년 위스콘신의 주 헌법 제정회의에 파견된 밀워키 대표는 외국에서 태어난 사람은 공립학교에서 불편함을 느낄 때가 많으니 주일학교에서 영어를 배우게 하자고 제안했다. 경비 절약 시책이 위스콘신에서 부결되었지만 변경과 인접한 다른 주에서는 여전히 해볼만한 선택이었다.

서부의 주일학교가 다양한 목적을 수행한 것처럼 연합회나 교단 협회들이 파송한 선교사들 역시 그랬다. 훈련을 받지 못했거나 문맹을 겨우 벗어난 이 사역자들이 새로 편입된 주나 지방의 현장 사역자로 알려진 유일한 교육 "전문가들"이었다. 그들은 한 곳에서 충분한 시간을 보낼 수 없었다. 동부의 운영자들이 기존의 정착지들에 대한 집중적 배려보다는 더 나은 통계, 즉 더 많은 학교들을 원했기 때문이다. 하지만 적어도 그들은 판매를 담당한 "주일학교 문고들"을 남기고 떠날 수 있었다. 선교사들이 말이나 여행용 지팡이에 의지해서 일일이 마을을 방문할 때는 연합회의 교재 카탈로그를 가져갔다. 그 협회는 첫 해(1824-1825)에 책을 발행하기 시작해서 알파벳 독본, 철자법 책, 찬송가집, 교단이나 특정 교단과 무관한 상황에 맞춘 교리문답, 성경 및 아주 다양한 소책자와 이야기책 등을 공급했는데, 대부분 영국에서 발행된 것을 베낀 것이었다. 해나 모어의 "설즈베리 고원의 목자"는 한 권에 10센트였고, 통틀어 12.5 센트만 있으면 "목장 주인의 딸(진솔하고 흥미로운 이야기)" 1회분을 모두 구할 수 있었다. 찬송가는 양가죽으로 장정하지 않은 게 100곡 당 6달러, 그리고 장정한 것은 14달러로 값이 뛰었다. 양 쪽에 성구가 적힌 파랗거나 빨간 조그만 상품권은 1,000매 당 1달러였다. 제임스 목사가 집필한 "주일학교 교사 지침서"는 출판 위원회에서 축약하고 개정해서 90쪽을 14센트에 팔았다.

처음에 주일학교연합회의 출판위원회는 "**수많은 불멸의 존재들이 지닌 양심을 상대로 독재자**" 구실을 하고 있다는 것을 인정했다. 비록 그 표현이 위원회 의사록에서 삭제되기는 했지만 위원들은 계속해서 "양심상 잘못되거나, 또는 하나님의 진리에 어긋난다고 믿는 의견들을 비굴하게 발행하기보다는 오히려…책임을 지는 중재자"가 되기를 자청했다.[14] 1830년에 위원회는 허구를 "제목부터 교육의 연대기를 모독하는 터무니없는 이야기들"이라고 단죄했다. 그 위원회는 『거위 아줌마의 노래』로부터 테일러의 『어린이를 위한 찬송가』로의 "엄청난 비약"을 승인했다. "지적 및 도덕적 진보"에 더 유익하다는 판단 때문이었다.

주일학교연합회의 사역자들에게는 "전국의 청소년 전체에게 합리적이고 도움이 되는 서적들을 공급하는 것보다" 시급한 일이 없었다. 1859년의 『대중 문고 요람』에는 19세기 중반 기간에 상당한 성공을 거뒀다는 지적이 실려 있다. 전국에 산재한 50,000개 이상

다양한 동요와 이야기가 담겨 있는 『거위 아줌마의 노래』. 현재까지 보존된 것 가운데 가장 오래된 것은 1791년 판이다.

의 문고들 가운데 30,000개가 주일학교에 있었고, 18,000개는 다른 학교에, 그리고 도시나 읍에서 거의 3,000개 정도를 소장했다. 그런 주일학교 문고들의 경우에 **대중적인 것**을 고려했다는 게 중요하다. 마을이나 농촌 지역이 중심이 된 대부분의 지역에서는 글을 읽을 수만 있으면 누구든지 문고를 통해서 책을 접했다.

주일학교운동은 1853년까지 최소한 세 가지 정도의 이유 때문에 미국에 있는 문고들의 5분의 3을 운영하려고 했다. 먼저, 주일학교연합회는 값이 저렴한 서적을 출판했다. 1831년에 어느 열광적인 사람이 거론했듯이 연합회는 "37센트를 받고서 아이에게 성경을 주고 읽는 법을 가르쳤다." 1830년대 후반에는 최초의 "주일학교 및 가정문고"가 개발되었다. "견고하게 장정된 72쪽에서 252쪽 분량의 선집 100권" 한 질을 단돈 10달러에 판매했다. 사실, 『로빈슨 크루소의 역사』는 빠졌지만 『스코틀랜드 농부』나 아랍의 베두인을 그린 작품 그리고 『사랑스런 양녀』등의 이야기가 포함되었다.

둘째, 선교사들은 새로운 주일학교에 일차적으로 문고를 판매하지 않으면 떠날 수 없다는 엄격한 지시를 받았다. 필요하면, 동부 지역의 후원자에게서 지원된 기금 가운데 5달러를 제공할 수도 있었다. 문고는 진실한 주일학교를 있는 그대로 보여주는 표지였다.

끝으로, 문고는 여러 곳에서 인기가 있다는 게 판명되었다. 개신교를 믿는 유럽의 이민자들이 영어를 배우기로 결심하면 주일학교는 연습교재를 공급할 수 있었다. 동부 해안에서 서부로 이주한 이들에게는 문고가 "고향"과는 상당한 거리가 있는 미숙하고 거친 생활에서 접하는 배움과 교양을 상징했다. 존 애덤스처럼 보기 드문 주일학교 사역자는 "교양 있는 고향 동부의 추억에 젖게" 할 수 있었다. 하지만 그는 언제나 옮겨 다녀야 했다. 반면에 책들은 빛바랜 과거의 가시적이고 영구적인 기념물의 역할을 했다.

필라델피아에 있는 주일학교연합회의 편집자들은 이 향수를 어떻게 파고들어할지 알고 있었다. 그들이 출판한 것들 가운데는 1840년대 인디애나의 어느 개척지에서 있었음직한 내용을 이야기한 『데이지계곡 주일학교』보다 계몽적인 게 없었다. 허름한 동네의

한 소녀가 자신이 떠나온 뉴잉글랜드와 그곳의 재미난 주일학교를 회상한다. 아이의 이야기가 동네 아이들의 마음속에 "어렴풋한 희망"을 불러일으킨다. 그런데 동부에 사는 친척이 찾아와서 교회나 주일학교가 없음을 알고 나중에 "백 권의 책으로 이루어진 아주 좋은 문고…그리고 대략 수십 권의 성경 뿐 아니라 찬송가까지 보냈는데, 그것들은 모두 필라델피아에서 깔끔하게 상자로 포장해서 운하, 증기선, 철도, 그리고 마차 편으로 부친 것이었다." 상자가 도착하는 날 "데이지 계곡"에는 큰 경사가 벌어졌다. "곧 읽게 될 새로운 책-빨갛거나 파란 겉장에 황금색 글자가 박혔고, 책 사이에는 그림이 끼워진-을 기대하면서 즐거워하는" 어린이들을 지켜보는 것은 가슴 뭉클한 광경이었기 때문이다.[15]

복잡한 감정, "구매 권유" 그리고 동부의 자금에 대한 호소라고 할 수 있는 이 이야기는 "데이지 계곡"처럼 개척지의 상황 역시 상당 부분 반영했다. 책이 귀했고, 연합회의 경쟁자는 드물었고, 그리고 주일학교 선교사들은 늘 정착지를 누구보다 일찍 방문했다. 그들은 중서부에 지울 수 없는 흔적을 남겼다. 지금은 이름을 알 수 없는 이런 교육자들의 가장 중요한 공헌은 어디에나 존재하는 주일학교 문고일 것이다. 수습되지 않은 그 유물은 교회의 밑바닥에서 여전히 발굴이 가능하다.

제대로 주목받지 못한 변경들

계곡 캠페인은 몇 가지 실책에도 불구하고 상당한 성과를 올렸다. 1837년의 공황이라는 경기 침체는 전국적인 자선협회들이라고 해서 비켜가지 않았다. 주일학교연합회는 과거의 여세를 또다시 회복하지 못했지만 붕괴되지도 않았다. 교단 주일학교협회들이 불경기를 책임졌고 운동은 계곡에서 번성했다. 남북전쟁 전야까지 누구보다 뛰어난 젊은 지도자들이 일리노이에 있었는데, 그곳은 스티븐 팩슨과 동료들이 오랫동안 사역한 지역이었다. 1830년대의 예측대로 동부에서 서부로의 권력의 이동은 남북의 분쟁이 막을 내린 이후에 한층 분명해졌다. 선교사들은 맡겨진 사역을 수행했다. 사실, 계곡 캠페인의 성공은 너무 흥미진진해서 나중에 작지 않은 고민거리가 될 수 있는 다른 두 변경에서의 상대적 실패를 심각하게 주목할 수 없을 정도였다. 하나는 도시였고, 또 다른 곳은 미국의 흑인들이었다.

특히 1840년 이후에 동부지역 도시에서는 새로운 상황이 전개되고 있었다. 1856년의 주일학교연합회 보고서는 불쾌함을 감추지 않았다.

> 거대한 물결을 이룬 채 우리 해안을 일렁이는 유럽의 찌꺼기들이 서부로 몰려가면서 우리의 해안에 쓰레기를 부리고 있다. 이들은 우리의 대도시에 모여들어서 자식들, 즉 심각하게 타락한 부모들 덕분에 타락한 비참한 자식들을 육체적으로나 정신적으로 거리의 청소부

로 만든다. 게다가 바탕하고, 술에 절고, 사악한 미국인의 버림받은 자녀들이 이들과 함께 어울리고 있다. 사회에 더 위험한 부류는…거의 상상할 수 없다. 그렇다면 그들을 어떻게 다뤄야 할까? 공립학교와 교회는…소용이 없다.

연합회는 과거의 자선학교나 "빈민학교"의 근대식 변형이자 19세기 후반의 "도시 자선사업 교회"와 인보관의 전조인 "선교주일학교"가 유일한 해답이라는 결론을 내렸다.

1850년대 이후로 여러 도시에서 선교주일학교를 설립하려는 시도들이 간헐적으로 있었다. 그렇지만 도시의 "가난한 곳"은 서부의 변경에 대한 아낌없는 지원과 전혀 어울리지 않는 것 같았다. 그런 불이행의 형태는 주일학교 운영자들이 당시 대부분의 개신교인들처럼 도시를 인간의 타락의 상징이자 원천, 즉 서부라는 매력적인 선교 현장과는 대조적인 암흑의 장소로 간주한데서 일부 비롯되었다. 그것은 도시들에 주일학교가 없다는 뜻이 아니었다. 실제로는 등록 숫자가 높았는데, 보다 안정적이고 번창하는 앵글로색슨계 가운데 가장 큰 세력을 형성한 보스턴과 뉴욕은 특히 그랬다. 그것은 교외지역 대 도심지역의 초창기 사례였다. 도시화에 반대하는 개신교식 사고방식이 뿌리 깊었고 용기 있는 개인들이 활동하는 넓은 서부는 약속받은 땅과 정확하게 일치하는 것처럼 간주되었다.

1850년대의 반가톨릭 정서 역시 도시 주일학교 선교회들의 설립을 지연시켰다. "토착 미국식" 이념의 분명한 선호는 연합회가 "찌꺼기"와 "쓰레기"라고 언급한 것에 드러나 있었다. 프렐링후이센은 연합회를 상대로 마지막 연설을 하면서 "우리 해안으로 밀려드는 강력한 이민자의 물결"을 씁쓸하게 거론했다. 그 노인은 1858년에 "불신과 교활한 성직자들이 청교도가 이 정부에 씨앗을 뿌린 영원히 살아있는 원리들을 박멸하려고 직접 부정한 동맹을 결성했다"고 경고했다. 혐오감과 적개심이 선교주일학교의 잠재적인 수혜자들에게 무의식적으로 전해졌다. 자선학교들은 당연히 빈민들로부터 전에 없는 박대를 당했다. 사역자들은 대부분 보다 우호적인 지역으로 물러났다. 남북전쟁 이후 미국주일학교연합회가 농촌지역에 집중하는 사이에 주요 교단들은 우호적인 중산층 이주민들과 밀착되어 있었다. 변경의 도시에 대한 부실한 태도는 19세기 말까지 그 운동의 특징이 되었다.

남북전쟁 이전 시대에는 전국적 규모의 주일학교운동이 흑인이라는 변경에서 실패를 피할 수 없었다. 지도자들은 거의 19세기 내내 자신들이 파악한 "유색인 문제" 때문에 적잖이 당황했다. 흑인의 전체적인 경험은 주일학교연합회가 거의 이해할 필요를 느끼지 못했던 일종의 비밀이었다. 게다가 계곡 캠페인을 시작한 사내들은 실제로 가난한 서부 지역에서 흑인 어린이와의 접촉을 기대하지도 않았다. 마침내 일부 선교사들이 흑인을 상대로 사역을 하고, 백인학교에 흑인을 위한 학급과 "유색인"을 대상으로 하는 상당수의 학교가 문을 열었다. 이런 미봉적 조정은 세상에 전혀 알려지지 않았고, 경우에 따라서는 "동부의 뒤쪽"에서 공개되었다. 그게 더 안전하고, 더 중립적이었기 때문이다. 소수 인종에게 지나친 관심을 갖는 것은 너무 위험했다.

1865년 이전에 출범한 흑인 교단들은 동족을 교육하는 데 백인의 도움을 따로 기다리지 않았다. 북부의 흑인감리교감독교회(AME, 1787년 필라델피아에서 출발)와 흑인감리교감독시온교회(1796년 뉴욕에서 창립)가 주일학교를 조직하는 일에 뛰어들었다. 유일하게 주일학교만 배움의 기회를 제공했기 때문에 발전은 중요했다. 1829년에 서부 최초의 흑인 주일학교가 오하이오 주 칠리코시의 흑인감리교감독교회에 개설되었다. 그 교단은 19세기 초반에 뉴잉글랜드, 펜실베이니아, 메릴랜드 그리고 워싱턴 DC의 주일학교를 후원했다. 어느 흑인 주일학교 선교사의 지적처럼 1830년과 1860년 사이의 기간에 "안식일 학교는 교회의 필수적인 부속기관이 되었다." 회중과 학교의 이런 일치는 모든 교단의 전형적인 성장 방식과 다르지 않았다. 하지만 일부 흑인 사회의 경우에 주일학교는 부속기관 그 이상이었다. 주일학교는 유일한 학교라서 그것 없이는 글 읽기 훈련이 전혀 불가능했을 것이다.

　남부의 노예 주일학교에 대한 일화는 아주 복잡하고 기이할 정도였다. 1835년까지 남부의 모든 주는 노예 대상 교육을 불법으로 규정하는 반동적 법률을 채택했다. 사우스캐롤라이나가 1740년에 첫 테이프를 끊었다. 노예의 반란을 몹시 두려워하던 19세기 초반에는 문맹을 극복한 노예를 처벌하는 법이 더 자주 등장했다. 역시 19세기 초반의 30년간 이 법의 실행은 같은 주에 있는 대농장마다 상당히 달랐다. 교육에 관한 노예의 운명은 주인의 관점에 달려있었다. 어떤 주인들은 읽기와 쓰기가 노동력의 효율성을 증가시켰기 때문에 문맹을 벗은 노예를 신뢰했다. 공감을 표하는 백인들은 억압받는 계급의 지원 수단으로 교육을 옹호했다. 백인 선교사들은 노예의 구원을 위한 교육을 자주 거론했다. 이 모든 사례를 볼 때 주일학교는 백인들이 설정한 목표를 파악하는데 당연히 필요한 도구였다. 주의 법 규정에도 불구하고 주일 수업은 "자선왕국"이 형성되는 시기에 남부 전역에서 간헐적으로 융성했다. 조심스런 백인들은 교육방지법의 취지를 훼손하지 않으려고 구두 수업을 활용하기도 했다.

면화가 각광을 받고 농장제 농업이 한층 더 확고해지면서 농장주들은 대부분 교육받은 노예를 불안하게 생각했다. 진짜 보잘 것 없는 문자 교육이 농장과 집에 있는 드센 일꾼들의 평화를 흔들까봐 두려웠다. 18세기에는 값진 소유물이었던 글을 아는 노예들이 19세기에는 "유용하기보다는 위험하게 간주되었다." 카터 우드슨은 이렇게 지적했다. "이 면화 왕국에서 제대로 먹거나 입지 못하고, 그러다가 죽음으로 내몰리는…운명을 짊어진 노예들이 교육을 받을 필요가 있었을까?"[16]

1830년대에는 주일학교에 대한 늘어나는 편견에 노예반란이 추가되었다. 네트 터너의 교육은 "'어린이들에게는 평범한 철자법 책과 독본이, 그리고 나이든 흑인들에게는 성경을 교과서로 사용하는' 주일학교에서 주로 실시된" 것으로 알려졌다.[17] 주 당국이 노예교육을 금지해도 개의치 않았던 농장주들은 주일학교 모임을 혁명과 분란의 잠재적인 터전으로 간주하면서 관심을 제한하기 시작했다. 1830년대에는 대부분의 지역에서 구두 교육을 금지하지는 않았지만 강력한 제재를 가했다.

백인들 가운데 일부는 백인 선교사들이 운영하는 학교를 엄격하게 감독해야 한다는 주장으로 맞섰다. 그들은 노예들의 경우에도 무지는 비생산적이라는 주장을 되풀이했다. 흑인들에게 백인 주일학교 사역자를 파송하는 캠페인에 서너 개의 교단이 참여했다. **얌전하게** 글을 읽을 줄 아는 사람, 즉 **언제든지** 복종하는 노예가 목표였다. 찰스 존스는 노예를 상대로 사역한 선교사였다. 그는 1842년에 흑인 교육사를 다룬 최초의 저서들 가운데 한 권을 집필했다. 존스는 괜찮은 의도를 갖고 있지만 종교수업이 계급제도를 전제하면서 불순종을 조장하면 안 된다고 주장했다. 그는 이렇게 피력했다. "복음서는 흑인들의 처지를 규정하고 그에 합당한 의무를 거듭 제시한다. 목회자들은 사도 바울로부터 '종들은 자기 상전들에게 범사에…기쁘게' 하라는 지시를 받았다."[18]

농장 운영자들은 줄곧 순종을 가르치는 선교사가 운영하는 주일학교들을 만족스럽게 생각할 때가 많았다. 남북전쟁 이전에 사우스캐롤라이나의 어느 노예 주인은 이렇게 말한 것으로 알려졌다.

> 몇 해 전에 내가 데리고 있는 사람들은 아주 반항적이었습니다. 그들과 함께 지내는 게 무척 힘들어서 가장 가혹한 수단을 사용하지 않을 수 없었습니다. 그런데 2, 3년 전에 교리문답을 실시하는 선교사역이 시작되었습니다. 설교자들은 우리가 주일학교에서 가르치듯이 설교해야 했는데, 그런 수업은 대부분 교리문답이었습니다. 그래서 이제는 밤마다 귀를 울리는…노래와 기도 소리를 들으면서 잠자리에 들고 있고, 그리고 과거에 사용하던 수단들을 이제는 전혀 사용하지 않습니다.[19]

일부에게 주일학교는 대단히 유용한 제도였다. 대규모 주일학교 단체들은 흑인들에게 전혀 관심을 보이지 않은 것처럼 노예제도 자체와 폐지에 대해서 침묵으로 일관했다. 그들은 이 대목에서 영국의 동료들과는 전혀 달랐다. 영국 주일학교 지도자들은 복음주의자들이 대개 "3대악"으로 간주하는 음주, 전쟁 그리고 노예제도를 공격하는 데 기본적으로 일치했다. 미국의 주일학교운동은 "술의 폐해"에 거의 전적으로 매달렸다. 미국주일학교연합회는 출발 당시부터 금주운동에 우호적이었고 1850년대까지 대부분 술집을 "사탄의 주일학교"로 간주했다. 하지만 주일학교연합회는 전쟁에 관해서 제대로 언급하지 않았고, 노예제도는 무익한 침묵으로 일관했다.

노예제도를 반대하지 않는 미국인의 태도는 영국의 일부 형제들에게 혼란과 걱정을 안겼다. 필라델피아 출신 성공회 신부 스티븐 팅은 런던에서 열린 1842년 주일학교연합회 총회에서 미국주일학교연합회를 대표해서 연설하다가 분노를 샀다. 청중석의 일부 회원들은 미국의 주일학교에 관해서는 한 시간이나 말하면서도 노예를 풀어주는 문제는 한 차례도 거론할 수 없는 것인지 상상하지 못했다.

노예제도 때문에 갈등이 커지고 내전이 임박했을 때까지도 주일학교 지도자들은 여전히 한 덩어리가 되어 있었다. 하지만 각지에 흩어진 상당수의 개인들이 노예제도의 폐지를 주장했고 일부 주일학교는 반 노예제 운동을 후원하기도 했다. 오하이오의 오벌린 출신의 어느 주일학교 교장이 "노예 탈출조직"(underground railroad,

찰스 스펄전(1834-1892). 복음주의 설교자로 유명했던 스펄전은 공개적으로 노예제도를 비난했다.

남부 노예를 북부나 캐나다로 탈출시키던 비밀조직-옮긴이)에서 활동했다는 이유로 2개월 간 재판도 받지 않은 채 클리블랜드에 구금되었다. 그러자 1859년에 오벌린 안식일 학교 협회 소속 학생들 400명이 최초의 교도소 "연좌농성"이라고 볼 수 있는 행동에 돌입했다. 어린이들은 플리머스 교회에서 운영하는 주일학교의 초청을 받고 클리블랜드로 가서 교도소를 가득 채운 채 "떠들썩하게 만들었다."

그렇지만 교장의 권리를 지지하는 오벌린 어린이들의 반발은 노예제도 반대운동 잡지들이 항상 보도하는 "영광스런 일화"의 전형은 아니었다. 교도소 이야기는 쟁점이 되는 사회적 문제에 관한 중립성-전국적인 개신교 협회들의 전반적인 입장-의 파기를 합법화할 수도 있었다. 노예제 폐지론자들의 핵심인 윌리엄 개리슨은 "유명한" 조직들을 중립 정책보다는 공범 정책을 은밀히 공모하는 예외 없이 잘못된 상대들로 간주했다. 1855년에 개리슨은 미국반노예제 협회를 상대로 주일학교연합회를 비롯한 여러 단체들이 "노예제도에 관해서 철저히 침묵하면서도 노예제 반대 운동에 대해서는 사뭇 적대적인 남부의 노예 주인들과 동맹을 맺고 교제하고 있다"고 비난하는 결의를 통과시키도록 발의했다. 그런 조직들을 "자유의 친구이자 그리스도의 제자라고 주장하는 사람이라면 누구나 즉시 포기해야" 한다는 게 그의 생각이었다.[20]

개리슨의 비난은 불만을 촉발시켰지만 대체로는 무심했다. 복음주의 협회들은 반노예제 단체로 전환을 기대하는 사람들과 한동안 거리를 유지했고, 1850년대의 고통스런 긴장상태 속에서도 입증

남부 노예를 북부나 캐나다로 탈출시키던 비밀조직인 노예 탈출조직의 활동을 묘사한 그림

된 정책을 탈피하려고 하지 않았다. 주일학교연합회가 임박한 대변동을 공개적으로 논의하게 되면 분열을 피할 수 없었다. 대중적이고, 자발적인 대규모 단체들은 늘 전망이 전혀 다른 사역자와 기부자를 포괄하는 합의를 의지한다. 그런 합의에 충격을 가하거나, 활용하려면 조직의 희생을 감수해야 했다. 주일학교의 아버지들은 위험을 피하려고 노예제도라는 "기이한 제도"가 주일학교운동의 사업과 상충되면 안 될 것처럼 공개적으로 처신하면서 안전하게 운영하는 쪽을 선택했다. 주일학교는 미국식 계급제도의 압도적인 위력 앞에서 무기력했다.

주일학교는 도시에서 성공을 거두지 못했고 노예제의 실상을 상대할 만한 능력이 없었다. 나중에 주일학교는 1830년에 "가난한 지역에 주일학교를 한 개씩 설립"하겠다고 선언했던 임무의 의미 변화를 시도하다가 노예제도를 따르는 쪽으로 돌아섰다.

 주

1. American Sunday School Union, Sixth Annual Report(1830), 3.
2. American Sunday School Union, Eighth Annual Report(1832), 31.
3. Ibid., 32. 강조 추가.
4. American Sunday School Union, Eleventh Annual Report(1835), 17.
5. Dorchester가 인용, op. cit., 428.
6. Clifford S. Griffin, "Religious Benevolence as Social Control, 1815-1860," The Mississippi Valley Historical Review(XLIV, December, 1957), 434.
7. Ibid., 432.
8. Ibid., 430.
9. 미주리 주 역사학회의 세인트루이스 역사 소장품 파일에 포함된 서신.
10. American Sunday School Union, Thirteenth Annual Report(1854), 77.
11. Joseph H. McCullagh, The Sunday School Man of the South(Philadelphia: American Sunday School Union, 1889), 81.
12. B. Paxson Drury, A Fruitful Life(Philadelphia: American Sunday School Union, 1882), 14.
13. L. Rudolph, Hoosier Zion(New Haven: Yale University Press, 1963), 165에서 인용.
14. The American Sunday School Magazine(I, October, 1824), 1. 강조 추가.
15. The Daisydingle Sunday-School(Philadelphia: American Sunday School Union, n.d.), 14.
16. Carter Godwin Woodson, The Education of the Negro Prior to 1861(New York: G. P. Putnam's Sons, 1915), 153-54.
17. Ibid., 163.
18. Charles C. Jones, The Religious Instruction of the Negroes(Savannah: Thomas Purse, 1842), 198.
19. Third International Sunday School Convention, Toronto(1881), 171.
20. Anson Phelps Stokes, Church and State in the United States(New York: Harper & Brothers, 1950), 2권, 191.

CHAPTER

04

죽음부터 햇빛까지
_주일학교운동의 노래와 이야기

내 믿음을 어째서 떠들 수밖에 없는지 묻는 겁니까?
사랑스런 형제여, 들어보시오. 당신이 영원히 저주를 받게 될
위험에 처해있다고 생각하기 때문이오.[1]

루이스 태판

미국에서 진행된 개혁 운동은 절정의 순간에 노래했다. 1960년대 중반의 인권행진가들은 야유하는 사람들을 흔들어서 규합하려고 "우리 승리하리"를 노래했다. 20세기 초반에 노동자들은 파업을 하면서 노래를 불렀다. 늙은 조합원들만이 "영원한 연대"의 가사를 기억하자 운동으로서의 노동이 끝났음을 알리는 확실한 표지로 간주되었다. 주일학교 역시 노래했다. 공통의 기억은 물론, 새로운 미래에 대한 생생한 기대 덕분에 더욱 강력하게 결속한 그 운동은 찬송가와 노래를 무수하게 만들어냈다. 음악과 이야기에 담긴 열의는 주일학교가 기본적으로 성공하는데 원인이자 결과가 되었다.

전체 노래 가운데 가장 유명한 곡은 1860년에 출판된 소설에서 유래했다. 『말과 봉인』은 애나와 수잔 워너 자매가 집필했는데, 둘은 베스트셀러 작가였을 뿐 아니라 주일마다 웨스트포인트 사관생도를 가르쳤다. 당연히 줄거리는 어느 주일학교와 관련된 두세 명의 행동이 중심이 되었다. 페이스 데릭Faith Derrick이라는 귀여운 소녀는 헌신적인 주일학교 교사 존 린든John Linden의 사랑을 받았다. 학생들 가운데 조니 팩스Johnny Fax가 있다. 워너 자매는 "페이스"Faith와 "팩스"Fax(Facts)라는 이름을 병치하려고 한 것인지 아니면 그저 우연히 그런 것이었는지 대답하지 않았다.

삼각관계 이야기의 중심에는 어린 조니의 질병이 자리 잡고 있었다. 데릭과 린든의 간병에도 불구하고 소년은 가망이 없어 보였다. 린든이 조니를 위해 할 수 있는 일이 무엇인지 묻자 아이는 여윈 손으로 선생님을 잡으면서 말한다. "걷는 거예요. 어제 밤처럼요." 린든이 열이 떨어지지 않는 조니를 안고 천천히 거닐자 아

1963년 워싱턴 행진 참가자들이 노래를 부르면서 행진하고 있다.

이는 한 순간 신음을 그친다. 그러더니 입을 열었다. "노래해 주세요." 여전히 두 팔로 연약한 아이를 천천히 흔들던 린든은 조니가 한 번도 들어본 적이 없는 새로운 노래를 부르기 시작한다. 페이스는 한 마디도 놓치지 않고 듣고 있다.

> 예수 사랑하심을 성경에서 배웠네
> 우리들은 약하나 예수 권세 많도다
> 나를 사랑하시고 나의 죄를 다 씻어
> 하늘 문을 여시고 들어가게 하시네
>
> 내가 연약할수록 더욱 귀히 여기사
> 높은 보좌 위에서 낮은 나를 보시네
>
> 세상사는 동안 나와 함께 하시고
> 세상 떠나 가는 날 천국 가게 하소서

잠시 후 린든은 요한계시록에서 아이가 좋아하는 구절들을 읽으려다가 페이스를 돌아보면서 이렇게 말한다. "페이스, 우리가 먼저 그분에게 길을 소개하도록 허락을 받았지만, 지금은 그분이 우리에게 길을 일러주신다." 조니 팩스는 숨을 거둔다.

1861년에 윌리엄 브래드베리가 그 새 노래에 합창을 덧붙여서 "예수 사랑하심을"이라는 곡을 완성했다. 『말과 봉인』과 새로운 노래 "예수 사랑하심을"은 주일학교의 신앙이 어느 정도 무르

익었을 때 등장했다. 워너 자매의 이야기는 뒤를 가리켰지만 새로운 노래는 앞을 가리켰다. 죽음이 깔려있는 가사임에도 불구하고 "예수 사랑하심을"은 명랑하고 쾌활한 음이 반복되는, 미래를 가리키는 표지였다. 그 곡은 자연스럽고 아주 "활기찬" 멜로디 덕분에 사람들에게 친숙해졌고, 주일학교 음악의 새로운 형식을 창조했다. "활기찬" 노래들은 1860년부터 1914년 사이에 유행했다. 새롭게 등장한 **유연한 신앙**, 즉 아동기와 삶 속에서 필요한 것들에 대해서 한층 더 고무적인 내용을 반영했기 때문이다.

예수 사랑하심을 작사한 것으로 알려진 애나 워너(1827-1915)

따라서 노래는 생각이 바뀌고 있음을 예고했다. 반면에 소설은 로버트 레익스 당시의 영국 복음주의 작가까지 거슬러 올라가는 영국계 미국 문학의 오랜 계보 속에서 발견되는 다양한 전통을 담아냈다. 핵심적인 주제는 죽음의 부단한 그림자, 종교적 지침으로서의 성경과 어린이들의 중요성이었다. 19세 초반에 주일학교가 출판한 서적과 그보다 앞선 18세기의 서적은 **경직된 신앙**, 즉 아동기와 삶 전체에 대한 엄격하면서도 우울한 시각을 요구했다.

작은 어른

성생활이 20세기 중반을 살아가는 미국인들의 일반적인 관심사라면 19세기 초반의 복음주의 개신교인들의 머릿속에는 온통 죽음뿐이었다. 당시 사람들의 이야기는 죽어가는 사람들로 가득했고, 주일학교에서 출판된 서적들은 경건한 영웅의 예정된, 절정의 죽음을 향해서 나갔다. 작가들은 거의 불쾌할 정도로 임종의 자리를 과도하게 자주 자세히 묘사했다. 임종을 그린 산문은 영국이나 미국의 경건한 개신교인들에게 전혀 새롭지 않았다. 윌리엄 윌버포스와 해나 모어의 세대는 꺼져가는 생명의 드라마에 매료되었다. 모어는 자신의 친구에게 보낸 글에서 "의로운 거인의 임종 장면처럼" 흥미로운 게 없다고 말했다.[2] 초창기 주일학교 문학에는 "의로운 거인"이 많았다.

주일학교연합회에서 최초로 발행한 100권짜리 문고 가운데는 『주일학교 소년들에 대한 회상: 열두 소년의 회심, 체험, 그리고 행복한 임종에 대한 실제 이야기』가 유명했다. 소녀들에게 무엇보다 인기가 높았던 그 책에는 이야기가 13가지나 실려 있었다. 『주일학교 소년들에 대한 회상』은 성경을 상당 부분 암기하거나 정규적으로 참석한 어린이들에게 주는 "상품용 서적"이었다. 이런 불쾌한 보상 가운데는 열 살배기 윌리엄 퀘일의 "행복한 죽음"을 다룬 일화가 대표적이었다.

윌리엄 퀘일은 1778년 10월 21일에 태어났다. 아이는 아주 일찍부터 주님에 대한 공포심을 가진 것 같았는데, 덕분에 하나님의 영광을 추구하는 거룩한 열심이 생겨났다. 이것 때문에 아이는 죄인들, 특히 어머니를 자주 비난했다. 그것은 어머니가 죄인들에게 더 큰 관심을 보여주지 않아서 그랬던 것이었고, 그녀는 아이를 잃고 난 뒤에 커다란 슬픔에 빠졌다. 아이는 만일 그녀가 악한 길에서 돌아서지 않으면 하나님이 분노하실 것이라고 말하곤 했다.…또 아이는 길거리에서 뛰노는 고약한 아이들을 비난했다.

분명하지는 않지만 네 살이 되자마자, 아이는 밤마다 잠자리에 들기 전에 기도했다. 무릎을 꿇지 않으면 자려고 하지 않았다.

게다가 아이는 마음이 아주 여려서 어머니가 동생들을 조금이라도 혼을 내면 동생들의 어리석음과 고통 때문에 자주 울었다. 한 마디로, 아이는 하나님의 영광을 위해(그 만큼 짧게) 살았지만…만일 어떤 사고나 부주의함 때문에 잘못을 저지른 경우에는 무릎을 꿇고 즉시 용서를 빌곤 했다.

아이는 이웃 어린이들의 처지를 안타까워했는데, 어린이들은 하나님에 대한 두려움을 몰랐다.…1787년 11월, 그는 마지막으로 병치레를 하게 되는데, 대략 두 주 동안 계속되었다.

아버지가 곧 일어날 것이라고 희망 섞인 이야기를 할 때마다 아이는 이렇게 대답하곤 했다. "나는 여기에서 사느니 차라리 죽으면 좋겠어요." 어렸지만, 아이는 고통이나 병 때문에 불평하는 법이 없었고, 인내하면서 늘 하나님 뜻에 맡겼다.

숨을 거두기 직전에 아이가 소리쳤다. "아버지! 아버지! 어머니! 어머니! 오 나의 하늘나라! 나의 하늘나라!" 이어서 아이는 찬송을 부른 뒤에 어머니에게 침대에서 돌려 눕혀달라고 말하고 나서 곧장 자신이 사랑하는 구속자의 품에서 잠이 들었다. 1787년 11월 24일, 아이의 나이는 10살이었다.[3]

대부분의 주일학교 노래는 거룩한 어린이들의 행복한 죽음을 찬양했다. 주일학교연합회가 1835년에 발행한 찬송가에는 "경건한 아이의 죽음," "한 학생의 죽음," "죽음의 승리" 그리고 "죽어가는 아이를 위해서"라는 제목과 어울리는 가사들을 실었다. 275장은 "사라진 죽음의 공포"였는데, 어린이를 상대로 "예수님은 죽음의 자리를 마련할 수 있고요/솜털 베개처럼 부드러워요"라고 확실하게 보장했다. 1838년의 『연합 멜로디』에는 "무덤"이 추가되었다. 4행으로 이루어진 가사 내용은 이랬다. "그러니 풀섶 이불이라도/차고 어두운 방이라도/내 어린 머리를 뉘지요/내게는 아늑할 거예요/그래요, 여기보다 훨씬 좋아요/앞으로 집에서 지내지 않을 테니까요!" 주일학교 노래와 이야기가 죽어가는 어린이들을 강조하는 것은 얼핏 보면 냉혹하고 잔인하다. 어째서 이렇게 죽음에 집착했을까? 일부는 충실하게 지켜온 개신교의 오랜 전통이, 또 일부는 현실적으로 높은 사망률과 전염병에 의한 인구감소를 반영했다. 하지만 역시 중요한 그 밖의 원인들이 적어도 세 가지 정도 더 있었다.

1. 18세기 후반과 19세기 초반에는 죽음을 화제로 삼는 게 금지되지 않았다. 복음주의 성향의 개신교 사회는 죽음을 두려워했지만 훨씬 더 큰 공포가 존재하기 때문에 공개적으로 거론할 수 있었다. 예상되는 하나님의 의로운 심판을 더 크게 걱정했다. 주일학교 사역자들 사이에서는 심판의 날이 즉각적인지 아니면 죽음 이후에 잠시 연기되는 것인지 의견이 달랐다. 하지만 심판의 불가피성과 두려움을 자아내는 능력에는 대개 일치했다. "심판의 날," "심판" 그리고 "심판받은 사악한 어린이"가 실려 있는, 주일학교연합회가 1835년에 발

행한 찬송가에는 이 두려움과 확신이 확실하게 표현되었다. 마지막 가사는 회개하지 않은 어린이들을 무시무시하게 묘사했다. "주여, 그 날이 정말 무서워요/죽은 사람이 모두 일어날 때/감히 순종하지 않은 사람들은/당신의 날카로운 눈길을 피할 수 없어요." 또 다른 곡에 나오는 한 대목인 "그날에 대한 공포"는 죽음보다 더 두려웠다. 역설적으로 공포 때문에 죽음을 보다 자유롭게 대할 수 있었다.

2. 실제 임종 장면은 공적이지 않았지만, 요즈음 병원에서 개인적으로 맞이하는 죽음과 달리 가족의 사건이었다. 죽음은 가족에게 교육적인 경험을 제공하는 사건이라서 "유언"은 특별한 가르침으로 간주되었고 죽음을 맞는 모습을 가깝게 지켜보았다. 임종이 멀지 않은 사람들은 영생에 다가선 것으로 간주되었고, 하늘나라가 자신들의 눈에 비치는 것 같았다. 죽음의 충격, 특히 아이의 그것은 다른 사람들에게 자신들의 기독교적 신앙을 새롭게 하고 "그날의 공포"를 준비해야 한다는 생각을 갖도록 만들었다.

3. 복음주의가 죽어가는 어린이를 집요하게 강조하게 만든 가장 중요한 한 가지 이유는 죽음에 관심을 가지면 삶의 절박한 위기가 두드러진다는 것이었다. 사람들을 "바른" 행동과 "진짜 신앙"으로 몰아가는 무서운 전술이자 강력한 무기임에 틀림없는 이런 강조는 아동기의 여러 가능성에 대한 개념들을 타파한 생명에 대한 긍정이기도 했다. 18세기에 일부 종교인들은 마치 어린이가 존재하지 않기라도 하는 것처럼 행동했다. 필립 아리에스는 가정의 생활사를 훌륭하게 다루면서 어린이들이 무시된 이유를 해명했다. 그는 출산을 치르고 나서 "다섯 명의 '어린 자식들'의 어머니"가 된 어느 17

세기 여성이 들은 위로를 소개한다. 한 이웃이 이렇게 그녀를 안심시켰다. "아이들이 당신을 괴롭힐 정도의 나이가 되기도 전에 절반 내지, 경우에 따라서는 전부를 잃게 되겠지요." 잔인하다고 해야 할까? 요즈음의 기준에서 보면 그럴 수 있다. 그러나 아리에스의 결론처럼 17세기 사람들은 "잃을 가망성이 있는 것으로 간주된 무엇에 지나치게 매달리게 되는 것을 스스로 용납할 수" 없었다. "…오늘날 우리가 일반적으로 생각하듯이 어린이마다 이미 한 사람으로서의 인격을 포함하고 있다고 생각한 사람은 아무도 없었다. 너무도 많은 어린이들이 목숨을 잃었다."[4] 무관심은 무기력한 상실에 대한 보호 장치였다.

따라서 18세기에 오랫동안 진행되어온 아주 중대한 변화가 확실하게 드러났다. 주일마다 소란을 피우는 노동자 어린이들에게 주목한 로버트 레익스 같은 1세대 주일학교 대표자들이 어린이에 대한 문화적으로 혁명적인 발견에 참여했다. 그들이 염두에 둔 "어린이"는 오늘날의 일반적인 이미지와는 판이하게 다른 작은 성인이었을 뿐이었다. 1880년대의 주일학교 교재에 그려진 어린이의 모습은 키를 제외한 모든 것, 즉 의상, 자세, 몸짓이 연장자들을 닮은 성인의 축소판이었다. 비슷한 것은 그뿐 아니었다. 복음주의자들이 생각하는 어린이는 순진한 어린양이 아니었다. 사탄의 왕국이나 죄와 처음부터 당연히 깊게 연루되었다고 생각했다. 죽음은 낯설지 않았고 죽어야 할 운명은 어디에나 존재했다. 삶은 2, 3년으로 단축될 수 있었고, 죽음은 항상 곁에 있는 친구였다. "윌리엄 퀘일"이나 "조니 팩스"는 20세기 중반의 주일학교 작품에 등장하는 "딕과 제인 그리고 강아지 스팟"보다 더 빨리, 더 착하게 살아야 했다. 요즈음의 어린이 세계에서는 죽음이 "스팟"같은 충성스런 애완동물을 어쩌다 괴롭히기도 하지만 사람인 경우는 드물다.

 19세기 초반의 신속하게 성인이 되고, 죽음에 다가서는 어린이들은 특히 성인들에 대한 종교 교육에 상당한 성과를 제공할 수 있었다. 조니 팩스와 윌리엄 퀘일만 두드러진 게 아니었다. 아들에게 술을 끊고 신앙을 회복하도록 간청을 받는 마을의 주정뱅이에 얽힌 끊임없이 제기되고, 그러면서도 가끔 변형된 일화는 전체 주일학교로부터 훌륭한 지원을 받았다. 어린이의 모습을 하고 있는 종교의 대가들은 노예, 부모, 연상의 친지들, 친구, 고약한 후원자와 외지인을 개종시킬 수 있었다. 미국에서 출판된 최초의 주일학교 책자에 등장한 비범한 작은 어른에게 누구도 의문을 달지 않았다. 『꼬마 헨리와 심부름꾼』은 『주일학교 소년들에 대한 회상』처럼 상품용 책자였다. 겨우 8년 반을 산 헨리는 두 가지 언어로 성경을 읽을 수 있고, 기독교 신앙에 대한 학구적인 토론을 인도하고, 상황에 따라 적절하게 성경을 인용하고, 그리고 다른 사람들이 회심하도록 노련하게 안내할 수 있었다.

 이렇게 모델이 되는 어린들은 변함없는 결의와 확고한 신념을 특징으로 갖고 있었다. 놀이, 장난, 웃음, 덤벙거리고 제멋대로인 "톰 트라이플스" Tom Trifles 의 시합에는 눈길 한 번 줄 수 없었다. 주일학교에서는 어린 시절의 즐거움, 혹은 어떤 식의 즐거움이든지 이야기하는 법이 거의 없었다. 마태복음 16장 24절을 가지고 만든 찬송가에 그게 잘 나타나 있다. "이 세상의 자랑과 보화는 끊어지고/ 재앙 멸시 고통이 닥쳐요/ 주님의 일을 할 때 고통은 즐거움이고요/ 주님의 은혜로 생명을 얻어요." 이것은 출세 이야기(Horatio Alger)가 아니다. 주일학교의 영웅들은 장군이 되거나, 명예와 돈과 높은 지위에 따른 위안에는 관심이 없었다. 그들은 집안일을 열심히, 그리고 확실하게 하면서도 복음주의적인 불안과 활력에 적합한 한 가지 목표, 즉 죄의 회개와 하나님의 목적으로의 회심이라는 이중적 성과를 계속해서 응시했다. 회심은 진리의 순간, 미래에 관한 선택, 벗어날 수 없는 형벌과 영원한 평화 사이의 유일한 선택이었다. 천국과 지옥은 장차 있게 될 유일한 대안이고, 그 선택은 결국 개인에게 달려있었다. 부나 특권과 같은 나머지 문제들은 하늘에 있는 집에 대한 기대와 비교하면 빛이 바랬다. 1838년에 발행된 『연합 철자법 책』은 그런 정서를 다음과 같은 시로 요약했다. "그것은 우리 신분과 무관하다/우리가 크건 작건 역시 관계없다/행복은 마음먹기에 달렸다/그리고 소유와 상관없다" 회심에 대한 압력 덕분에 진짜 어른과 "작은 어른" 모두 엄격한 신앙에 부합하려고 힘썼다.

가슴의 종교

철저한 종교, 즉 엄격한 신앙에는 힘겨운 시절을 보내는 변경지역 개척민들에게 적합한 몇 가지 덕목들이 포함되었다. 삶에 대한 어두운 시각은 사실 서부는 물론이고 동부에서도 일상적인 현실과 직접 관계가 있었다. 엄격한 신앙은 "작은 어른들"에게 짧고 혹독

한 아동기 생활을 견뎌내고 외로움, 혼란 그리고 죽음을 겪으면서도 흔들리지 않게 만들었다. 초창기 주일학교의 신앙은 복잡하지 않았고, 고전적인 청교도식 사고와 생활이라는 정교한 교리장치를 전혀 요구하지 않아서 불안정한 일반인에게 어울리는 단순한 복음이었다. 개인의 운명에 관한 현실적인 확신이 요구되었기 때문에 어쩌면 충성스런 주일학교의 구성원들이 확률과 관계없이 계속 싸움을 벌이려고 했을지 모른다. 확신에 대한 갈망을 자극할 것으로 기대를 받는 교사들에게는 나름의 모델이 있었다. 그 가운데 한 사람이 올리버 하워드 장군이었다. 그는 남부 군인들과 전투를 벌이기에 앞서 부하들에게 말했다. "우리는 2, 3일 안에 적을 마주할 것이다. 본인은 전투 결과를 알지 못할 뿐더러 제군들이 얼마나 살아남을지도 말할 수 없다. 만일 제군들 모두 하나님을 위해서 구원을 받았다면 적을 상대하게 될 여러분을 정말 다르게 배치했을 것이다."[5]

이런 식의 무제한적 확신은 광신과 절대주의(엄격한 신앙의 훼손)를 부추겼지만 필수적인 활력의 원천을 제공하면서 위험하고 불확실한 것들에 휘둘리지 않게 해주었다. 그중에서도 세밀한 전망은 주일학교에 확실한 임무를 부여했다. 주일학교의 실질적인 사업은 어린이들의 회심을 위한 인큐베이터가 되어야 한다는 게 적어도 운동을 이끌어가는 이들의 생각이었다. 최종적으로는 달리 문제될 게 없었다. 루이스 태판은 "영혼을 구원하기" 위해서 "안식일 학교의 교사가 되는 게"[6] 미국 상원의원이 되는 것보다 더 중요하다고 동생에게 서신을 보냈다. 이런 관심은 주일학교를 회심의 방법을 가르치는 운동이 되게 하고 19세기 미국 개신교에 넘쳐나는 부흥올리버 하워드(1830-1909). 남북전쟁 당시 남군을 지휘했고, 은퇴한 뒤에는 하워드 대학교를 설립했다.

제도와 자연스럽게 결합되는 쪽으로 몰아갔다.

부흥운동과 주일학교 사이에는 공통점이 많았다. 둘 다 예외 없이 미래를 일방적 선택의 형식으로 해석하는 경향이 있었다. 모두 동시에 성장했고, 적수가 같았고, 그리고 종교를 가슴의 문제로 받아들였다. 이야기 작가들이 설득력 있는 논리를 갖춘 "작은 어른들"을 제시하는 방식은 다소 냉정했지만, 목적과 영향은 정서적이었다. 복음주의자들에게는 회심에 초점을 맞춘 가슴으로부터의 참여가 필수적이었는데, 19세기 중반을 주도했던 부흥운동가 찰스 피니의 견해 역시 분명히 그랬다. 역사가 페리 밀러는 이렇게 소개했다. "누구나 지적인 전제들에 동의할 수 있다는 게 피니의 일차 원리였다. 차이라면 일부는 가슴으로 그것들을 파악하고, 또 다른 일부는 오로지 머리로만 파악한다는 것이다."[7] 실제로 그 "법칙"은 대부분의 복음주의적 개신교도들에게는 "기본적"이었는데, 그들이 부흥운동을 펼치고 있거나 주일에 모이는 학급에서 가르치거나 관계없이 그랬다. 주일학교운동은 스스로의 사역과 공립학교 같은 다른 기관들을 구별하려고 가슴과 머리의 구분을 활용했다. 어떤 지도자의 가르침대로 수학 방정식을 풀거나 또는 셰익스피어를 공부하는 것은 "오로지 머리를 단련하는 것"이었다. 하지만 주일학교는 달랐다. 결과에 "실제적인 진리"가 포함되었기 때문이다.[8] 올바른 운명을 선택하는 것보다 더 실제적인 게 있을 수 있을까? 주일학교의 언어와 논리는 "가슴에 대한 것"이라서 머리는 부차적일 수밖에 없었다.

"엄격한 신앙"이라는 모자이크에는 심판의 도래, "작은 어른들"로 간주되는 어린이, 인간의 불가피한 미래에 대한 두 가지 선택, "마음"과 "머리"의 구분, 그리고 회심 중심의 주일학교 선교가 포함되었다. 이 모두가 워너 자매의 『말과 봉인』의 집필과 그에 따라서 "예수 사랑하심을"이라는 노래가 등장했을 무렵에 흔히 나돌던 지혜의 일부였다. 그런 것들을 신뢰하게 된 까닭을 설명해달라고 하면 주일학교를 지지하는 이들은 당연히 "성경에서 배웠네"라는 중요한 가사를 가지고서 대답했을 것이다. 하지만 남북전쟁을 치르고 난 뒤에 성경은 또 다른 이야기들을 일러주려고 했다.

순수함의 확산

전쟁이 끝나고 난 뒤에 주일학교 신앙은 미묘하게 변했지만, 당시에는 거의 알아차리지 못했다. 익숙한 상징과 형식은 여전히 유행했다. 로버트 레익스는 누구보다 사랑받는 인물이었고 가슴의 "옛 종교"는 미래 세대와 잘 어울릴 것 같았다. 그렇지만, 산업화된 미국에서 가슴이 요구하는 것은 예전 같지 않았다.

초기 주일학교와 19세기 후반의 그것 사이에는 노래만큼 차이가 두드러지는 것도 없다. 주일학교 자체를 거론하는 가사들에서 그런 변화를 읽을 수 있다. 1838년의 『연합 멜로디』에 실린 "안식일 학교"는 시간엄수, 순종 그리고 엄숙함을 강조했다. 다음의 두 연들이 보여주듯이 무뚝뚝한 진지함이 분위기를 압도했다.

안식일 학교로 안식일 학교로/ 빨리 가겠네 빨리 가겠네

안식일 학교에 일찍 가겠네/놀려고 멈추지 않겠네

안식일 학교에서 안식일 학교에서/이 좋은 거룩한 날에

안식일 학교에서 정신을 차리고/제대로 배우겠네

50년쯤 지나자 "주일학교 군대"라는 비슷한 성격의 노래가 등장했다. 주제는 열정적 행진, 기쁨, 햇볕 그리고 "한없는 광명"이었다.

주일학교 군대의 발소리, 발소리, 발소리를 들어라

비오나 맑으나 우리는 언제나 행진한다

사랑의 빛 속에서 구세주를 따른다

우리는 하늘나라 기쁨의 땅으로 행진한다

주일학교 군대의 발소리, 발소리, 발소리를 들어라

우리는 결코 사라지지 않을 면류관을 얻는다

우리의 왕이 어디로 이끄시든 의심 않는다

한없는 광명의 세계로 그를 따라간다

이 노랫말에서 19세기 후반의 "군대식" 음악을 능가하는 특징을 적어도 두 가지 정도 확인할 수 있다. 엄격함은 군대식 은유들이 넘쳐나는 활기찬 승리의 노래에 자리를 양보했고, 그리고 심판의 날

에 대한 공포는 줄어들었다.

주일학교 음악에 끼친 남북전쟁의 영향을 부정하기는 어렵다. 군대식 이미지와 기병대식 박자는 "우리는 구세주의 군인," "나는 작은 병사," 그리고 "요새를 지키라"(조지아를 통과한 셔먼 장군의 퍼레이드에서 유래한 일화에 근거해서 남부보다는 북부에서 더 유명했다) 등의 곡에서 반복되었다. "요새를 지키라"는 "행진"에 사용되는 전형적인 노래였다.

> 오, 전우여! 하늘에 나부끼는 신호를 보라!
> 이제 원군이 나타났으니 승리가 눈앞에 있다
> "내가 가고 있으니 요새를 지키라"는 예수님의 신호는 여전하다
> "주님의 은총에 힘입어 그렇게 하리라"고 응답하라

"주일학교 군대"의 "한없는 광명의 세계로 그를 따라간다"라는 가사는 강조하는 부분의 변화를 행진 풍 박자보다 한층 더 잘 보여 주는 것 같다. 남북전쟁 이후에 등장한 찬송가에는 심판의 날에 대한 두려운 경고를 담고 있는 게 거의 없었다. 1830년대의 서글픈 "경건한 아동의 죽음"은 빠른 박자의 "승리의 날이 다가온다"로 바뀌었다. 선택을 피할 수 없는 두 가지 미래라는 형식은 여전했지만, 달라진 게 확실했다! 초창기 복음주의자들은 최종적인 신적 분노의 표출을 "위대한 날"이라고 결코 말하지 못했다. 20세기가 다가올수록 주일학교에서 부르는 심판의 노래는 가족의 재회를 묘사하는 것처럼 들렸다. 지옥은 더 이상 그 공포의 위력을 발휘하지 못했다. 노

래에 표현된 개인의 걱정은 하나님이 하늘나라에 들어가는데 필요한 티켓을 나눠줄 때 잘못하면 빠질 수도 있다는 수준이었다. 영생은 당연한 보상으로 간주되었고, 하나님의 망각은 하나님의 분노보다 더욱 위협적이었다.

"강에서 만날까?"는 하나님의 무관심을 직접 거론했다. "내게는 당신이 언제나 필요해요"와 "우리는 시온으로 행진한다"를 작곡한 로버트 로우리 목사가 가사와 곡을 붙인 이 찬송가는 1865년 주일학교 퍼레이드에서 수많은 어린이들이 다음의 가사를 노래하면서 브루클린 거리("주일학교의 도시")를 행진할 때 최초로 전국적인 유명세를 탔다.

> 강에서 만날까/ 눈부신 천사의 발길이 거니는 그 곳에서
> 수정 같은 물결이 영원히/ 하나님의 보좌에서 흐르는 곳
>
> 물론, 강에서 만나게 되지/ 아름답고 아름다운 강에서
> 성도들과 함께 강에서 만나자/ 하나님의 보좌에서 흐르는 곳

"물론"이라는 확신이 본진을 공습하자 동일한 계열의 수많은 곡들이 로우리의 찬송가를 계승했다. 거기에는 패니 크로스비가 작사한 "주의 친절한 품에"처럼 부드럽고, 어루만지는 듯하고, 어머니 같은 분위기의 곡에서부터 교회를 휩쓴 거의 흥분의 도가니 같은 부흥회 음악의 축소판이었던 찰리 틸맨의 "하늘나라로 가는 생명의 철길"까지 다양했다. 더구나 거부감 역시 없었다. 그 노래에 담겨

있는 천국에 대한 보증과 속도, 노력 그리고 인간의 자율성에 대한 강조는 산업화의 진통을 겪는 국가에서의 삶이 갖는 의미와 기막히게 맞물렸다. 첫 번째 가사부터 도전적이었다.

패니 크로스비(1820-1925). 시각 장애인으로 8천여 편 이상의 복음찬송을 작사했다.

인생은 산에 놓인 철길/ 용감한 일꾼이 놓은 그 길
우리는 실수 없이 달려야 해/ 요람에서 무덤까지
조심조심 주위를 돌고 둑과 터널을 지나고/ 물러나거나
겁먹지 않아야 해
운전대를 굳게 붙잡아야 해/ 두 눈은 철길만 바라보고

그러면 보상이 뒤따른다.

교각을 건널 때/ 요단강 넘실대는 물결 위에 있는
종착역을 바라보라/ 기차가 조용히 들어서는 그곳
거기서 책임자를 만나리니/ 성부 하나님 성자 하나님
따뜻하고 즐겁게 박수치며/ "지친 순례자야 집에
잘 왔다"고 말씀하신다.

존 번연의 순례자는 먼 길을 왔다. 하나님은 하늘나라 종착역에서 사람의 도착을 기다리는 모습으로 묘사된다. 행위와 능력의 중심에는 사람이 있었다. 이것은 완전히 방향을 잃어버린 칼뱅주의였다. "구원"과 영생은 선물이 아니라 업적으로 바뀌었다. 하나님의 우월성은 약화되어 어둠속으로 사라졌다.

종점에서 순례자를 기다리는 하나님의 갈채를 기대하는 말이 널리 퍼지자 주일학교 지도자들도 "성공적인 운행"을 시작할 수 있는 새롭고 더 좋은 방법을 당당하게 찾아 나섰다. 남북전쟁 이전부터 이야기와 노래에 등장하던 "작은 어른들"은 점차 시대에 뒤쳐지기 시작했다. "꼬마 헨리"와 친구들의 떨어지는 인기를 탄식하는 소리가 없지는 않았지만, 개신교인들은 대부분 과거의 문학작품을 어려서 죽음을 맞는 신기할 정도로 착한 어린이들이 등장하는 지루한 책으로 간주했다. 너무 착해서 생존할 수 없는 경건한 어린이들과 함께 주일학교연합회 문고 1위가 바닥으로 곤두박질쳤다. 현대적인 아동기의 **자연스런** 이미지가 형성되고 있었다.

교회 음악에서도 반란은 예외 없이 발생했다. 세기가 바뀔 무렵에 흘러간 주일학교의 낡은 음악은 원치 않는 명성을 얻게 되었다. "무덤"과 "경건한 아이의 죽음"과 같은 노래들은 "장송곡"이라는 경멸조의 조롱 때문에 잊혀졌다. 이런 노래들에 대한 가장 강력한 비평가들은 20세기 "종교교육" 운동, 즉 존 듀이와 기타 자유주의자들의 진보적인 이론들의 격려에 민감하던 개혁자 집단이었다. 초기의 어느 개혁자는 장송곡이 "아동기와 어울리지 않는다"고 비난하면서 "내 감긴 눈앞에서 당신의 십자가를 치우지 마시고/어둠을 비추어 하늘나라로 가게 하세요"라는 식의 가사들은 어른에게나 어울린다고 주장했다. 그는 계속해서 "건강하고, 행복한 아이는 죽음을 바라지 않는다"고 덧붙였다. "주일학교 찬송가는 자연스럽고, 건강한 정서를 발산해야 한다. 그것은 자연, 하나님, 그리스도, 가정과 국가를 즐거워하고, 인류에 대한 보다 큰 사랑을 소중히 여겨야 한다. 그것은 아동기 자체처럼 즐겁고 재미있어야 하지만 언제나 순결하고, 공손하고 또 헌신적이어야 한다." 그는 주일학교를 "은혜로운 어린이"가 놀이에 시간을 뺏기지 않고 머무는 곳이라고 치켜세우는 가사에는 "말도 안 되는 생각"이라는 꼬리표를 달았다.[9]

자연스럽거나 혹은 말도 안 되는 정서를 이렇게 신속하고 결정적으로 판단하게 된 것은 윌리엄 매킨리, 시어도어 루즈벨트 그리고 윌리엄 태프트 등이 대통령직에 있을 때 미국 문화의 밑바닥에서 일어난 근본적인 지각변동 덕분이었다. 사회나 국가마다 가장 급진적인 변화가 일어날 수 있고 연구될 수 있다는 사실을 확실하고 당연한 것으로 용인하는 수준이었다. 눈치 빠른 주일학교 지도자들은 20세기 초반부터 몇 세대 이전의 선배들과는 다른 시대감각을 당연한 것으로 간주하기 시작했다. 이런 태도 변화를 초래한 한 가지 원인은 공중위생과 질병 방역법의 개선이었다. 자연스런 아동기라는 진보적 개념은 사망률을 더 낮게 전제하거나 예상했다. 성인기 이전 단계의 기쁨과 이점을 할애하고, 즐기는 시기가 존재했다. 현대의 어린이는 성숙의 엄습이나 죽음의 소문과는 거리가 먼 자유로운 공간을 호흡했다. 노동, 성인기, 세상에 대한 염려와 같은 이 모든 것들은 가까운 미래의 일이었다. 미국의 어린이들은 적어도 몇 년 동안은 아동기의 일시적인 축복을 누리는 게 마땅했다.

주일학교 사역자라고 해서 누구나 어린이의 순진함을 확실하게 긍정하지는 않았다. 그것은 기존의 신학적 전통과 지나치게 빠르고 결정적인 단절일 수 있었다. 하지만 원죄 교리를 누구보다 강하게 주장하더라도 아동기라는 새로운 개념의 영향을 벗어날 수는 없었다. 20세기 초반에 정통 교인들과 "종교교육가들"은 치열하게 다투면서도 한 가지 결정적인 측면에서는 서로 일치했다. 수준은 달라도 양쪽 모두 "햇빛"을 어린이에 대한 공통의 목표로 받아들였는데, 복음주의자 조상들에게는 대체로 생소한 개념이었다.

그것은 중대한 합의였다. 19세기 후반에 "햇빛"이라는 주제가 등장한 것은 어린이, 그리고 어린이와 자연의 관계에 대한 주일학교 운동의 인식 변화를 상징했기 때문이다.

남북전쟁 이전의 주일학교는 학생들에게 자연의 도덕적 성격을 뒤따르라고 격려했다. 자연은 어린이들에게 어른이 부과한 것은 무슨 일이든지 부지런히, 진지하게, 그리고 열심히 하라고 말했다. 『재미있는 초보 자연 상식』은 거미를 관찰하도록 어린 독자들에게 권했다. 내용에 등장하는 어느 교사는 "어린 소년과 소녀들에게…부지런함과 정확함"을 가르친다. "거미줄은 무엇보다 완벽하게 규칙적으로 만들어지기 때문이다." 꿀벌에게서도 교훈을 얻을 수 있었다. "새끼 벌은 성인 벌들이 어떻게 하는지 보여주는 것을 쉽게 배운다. 마찬가지로 어린 소년과 소녀들도 자신들에게 주어진 지시대로 발전하고 싶어 해야 한다."[10]

19세기 후반과 20세기 주일학교는 자연으로부터 새로운 교훈을 얻었다. 분주한 벌과 근면한 거미들이 완전히 망각된 것은 아니지만 자연의 아름다움, 즉 사랑스러우면서도 재미있게 생명을 표현하는 섬세한 방법에 새롭게 초점이 맞추어졌다. 태평하고 믿음이 좋은 새가 불안에 떠는 아이에게 말했다. "하나님은 사랑, 하나님은 사랑, 그분은 따뜻하게 살펴주신다/우리는 편안해, 편안해, 어느 곳에나 그분이 계시니까."[11] 그리고 꽃은 말했다. "하나님은 사랑, 어린이 즐겁게 노래 부른다/모두에게 왕의 즐거운 소식을 전하여라."[12] "어느 곳에나 계신 하나님"이라는 노래에서 어린이들은 산들바람과 그림자, 햇빛과 나무, 꽃과 새에게, 그리고 신성의 상징

윌리엄 매킨리(1843-1901).
남북전쟁에 참전했고 미국의 25대 대통령을 지냈다.

을 대표하는 자신들의 가슴으로 인도되었다.13)

넘쳐나는 아름다움 속에서 어린이의 행동보다는 갖추어야 할 모습이 주일학교의 도덕적 명령이 되었다. 삶은 순수한 햇빛, 어두운 구름을 뚫고 세상을 밝히는 한줄기 빛과 같았다. 주일학교는 햇빛을 위한 가상의 교실이 되었다. 햇빛에 관한 다양한 노래들이 자리를 잡았다. 예컨대 "나는 햇빛이 될 테야"는 이런 식이었다.

> 나는 매일 햇빛이 될 테야/하늘이 우울해도 비출 테야
> 언제나 황금 햇빛을 비출 테야/기분 좋은 사랑의 말을 할 테야
> 햇빛, 햇빛/구원자를 위해서 가리지 않고 비출 테야
> 언제나 황금 햇빛을 비출 테야/기분 좋은 사랑의 말을 할 테야 14)

햇빛을 소재로 한 노래는 작곡자들의 본래 의도를 파악하기 어려울 만큼 흔했고, 또 가끔은 사뭇 풍자적이었다. 정확한 출처 역시 불분명했다. 주일학교 문학 작품에서 햇빛이라는 주제가 처음으로 등장한 것 가운데 하나는 닐리 그레이엄이 집필하고 1865년에 장로교회가 출판한 『구름과 햇빛』이라는 이야기였다. 교훈은 이랬다. "밝고, 웃음 띤 얼굴, 그리고 사랑스런 표정은 가끔 어떤 가정의 염려와 슬픔을 드러나게 만들고 완전히 몰아낸다." 이야기의 핵심은 햇빛이라는 등장인물인데, "언젠가 부드러운 갈색 눈을 지닌 작은 여자 아기(그레이스 스탠리)의 모습으로 슬픔에 잠긴 집을 찾아갔다. 누구도 사랑하지 않고는 배겨날 수 없을 만큼 귀엽고 순진한 조그만 얼굴이었다."15) 꼬마 그레이스는 회심하고 나서 한층 더 순수한 빛이

되었다. 19세기 말에는 닐리 그레이엄의 회심에 관한 경고 수준이 다소 완화되었다. 햇빛으로 표현된 어린이가 가상의 주일학교 교리 구실을 제대로 해냈기 때문이다. 그레이스 스탠리와 후계자들은 성숙한 사람들, 즉 "작은 어른"이 아니라서 상당히 설득적이었다. 해맑고, 쾌활하고, 신뢰하고 순종적인 햇빛은 오염되고, 그리고 문제 많은 또 다른 세계에 잠시나마 순수한 빛을 비춘다. 햇빛으로 표현된 어린이들은 엄격한 신앙의 상징 속에서 성장한 주일학교 사역자들이 어린이들에게 아동기를 설명해야 하는 순간에 일시적인 탈출구가 되었을 것이다.

새, 꽃 그리고 햇빛을 소재로 한 노래들을 합치자 자연이 유익하다는 믿음에 대한 결정적인 증거가 되었다. 새들은 늘 행복하고, 바람은 부드럽고 그리고 꽃들은 평화롭고 화창한 왕국의 따뜻한 태양 아래서 꽃을 피우고 하늘거린다. 주일학교에서 묘사하는 꿈꾸는 듯한, 뱀이 존재하지 않는 이런 에덴동산은 찰스 다윈의 『종의 기원』과 적자생존에 대한 논쟁으로 19세기 미국에서 촉발된 종교와 문화적 불안에 비추어보면 오히려 두드러진다. 어린이 찬송가 작가들이 "붉은 이와 발톱을 가진" 자연을 탄식한 알프레드 테니슨에게 공감했다면 좀처럼 그런 태도를 취하지는 못했을 것이다. 종의 기원이나 출처와 무관하게 삶의 어두운 부분으로부터 어린이들을 보호해서 가능한 한 오래도록 순수함을 보존하려는 게 그들의 대체적인 바람이었을 것이다. 동기야 어떻든 간에 결과는 아동기와 자연에 대한 철저한 감상적 평가였다.

광신과 절대주의가 엄격한 신앙을 훼손하듯이 감상주의는 유연한 신앙을 예외 없이 타락하게 만든다. 예컨대, 타락한 감상주의는 원근의 여부와 관계없이 불행한 어린이들에 대한 찬송가 작가들의 관심 속에 자리했다. 어느 노래의 가사처럼 시골에서 어떤 사람이 어쩔 수 없이 모과, 혹은 사과를 훔쳐서 문제를 일으킬 때 햇빛은 "그에게 멈추라고 말해요! 그에게 멈추라고 말해요! /그의 잘못이 무엇이든 간에요!"라고 말해야 했다.16) 불행하고 가난한 어린이들은 "작은 힌두 소녀"처럼 해외에 있을 때가 많았다.

나는 작은 힌두 소녀/예수님에 대해서 전혀 듣지 못했어요
그리스도인 어린이여, 불쌍히 여겨주세요/오, 그분의 이야기를 들려주세요
오, 나를 불쌍히 여겨주세요, 나는 슬프답니다/정말 말할 수 없어요
진짜로 하늘이 있는지 말할 수 없어요/내가 살 수 있는 그런 곳이 있는지요

다음 절은 "그리스도인 어린이"가 어떻게 세계에 급히 복음을 전하고, 마침내 하늘 보좌 앞에서 "작은 힌두 소녀"를 기쁘게 맞이하는지 묘사했다. 가난한 어린이에게 궁극적인 즐거움을 주려는 열의는 한 가지 반응이었다. 햇빛 어린이 역시 불행한 사람에게 겨우 동전 한 닢으로도 실질적인 도움을 베풀 수 있었다. "사과나 케이크, 그리고 장난감을 사는 데 쓰면 안 돼요/바다 건너 예수님을 모르는 사람들에게 주어야 해요."17)

이런 감상적인 노래들은 당시 미국 개신교 문화에 대한 열망과 요구에 따라서 조율되었다. 엄격한 신앙은 유연한 신앙에 양보할 수도 있었겠지만, 여전히 종교는 대부분 가슴의 문제였다. 더구나 그

때는 개신교 제국이 팽창되는 시기라서 전 세계적으로 선교조직이 구축되었고 여러 나라 사람들이 다음과 같이 외치는 영국인과 미국인에게 합류했다. "예수님의 십자가를 높이 들어라/주님의 깃발을 펼쳐라/온 세상 모두/입을 열어 주님을 고백할 때까지"

대륙마다 주일학교가 이식되고 있었다. 아프리카의 열대우림, 호주의 사막과 알라스카의 이글루에 사는 어린이들은 금세 "예수님을 위한 햇빛"과 "강에서 만날 수 있을까"를 번역한 곡을 노래했다. 하지만 "예수 사랑하심을"보다 보편적으로 수용된 곡은 없었다. 힌두스탄어로 번역된 "작은 힌두 소녀"와 함께 무수한 언어와 방언으로 번역된 워너 자매의 시는 주일학교운동의 본산이 되었다. 문화마다 예외 없이 그 노랫말에 고유한 의미를 부여했다. 그것은 당연했다. 미국의 개신교는 "하늘나라로 가는 생명의 철길"과 어린이들은 진짜 순수하다는 자신들의 확신을 성경이 허락했다고 주장했다. 처지가 다를 수밖에 없는 여러 민족들은 "성경에서 배웠네"처럼 인기 있는 가사를 앞세워서 고유한 문화와 종교의 가치를 적당하게 보존할 수 있었다.

 주

1. Charles C. Cole, Jr., The Social Ideas of the Northern Evangelists(New York; Columbia University Press, 1954), 99에서 인용.
2. Ford K. Brown, op.cit., 457.
3. A Memorial for Sunday School Boys(Philadelphia: American Sunday School Union, n.d.), 9-11.
4. Philippe Aries, Centuries of Childhood(New York: Vintage Books, 1962), 38, 39.
5. Andrew H. Mills, "A Hundred Years of Sunday School History in Illinois, 1818-1918," Transactions of the Illinois State Historical Library,1918), 103.
6. Charles C. Cole, Jr., op. cit., 99에서 인용.
7. Perry Miller, op. cit., 25.
8. John S. Hart, The Sunday School Idea(Philadelphia: J. C. Garrigues & Co., 1874), 151.
9. C. W. Wendte, "Sentiment and Song in the Sunday School," Religious Education(Ⅲ), 95.
10. An Easy Introduction to the Knowledge of Nature(Philadelphia: American Sunday School Union, n.d.), 79, 82.
11. " A Father's Care," Songs for Little Singers(Philadelphia: Hall-Mack Company, 1914), 43.
12. " What are the Flowers Saying?" Songs for Little Singers, 22.
13. " God is Everywhere," Songs for Little Singers, 23.
14. " I Will be a Sunbeam," Songs for Little Singers, J. Lincoln Hall & Elsie Duncan Yale(Philadelphia: Hall-Mack Company, 1909), 58.
15. Nellie Grahame, The Cloud and the Sunbeam(Philadelphia: Presbyterian Board of Publication, 1865), 25.
16. " Tell Him to Halt," Hymnal for Primary Classes(Philadelphia: American Sunday School Union, 1896), #86.
17. " The Best Use of a Penny," Hymnal for Primary Classes, #126.

CHAPTER 05

하버드의 위기, 태머니홀의 능력

하나님은 교회를 둘러보시고 주일학교에 꿀을 부어주셨다.

윌리엄 레이놀즈

 **주일학교 운동은** 남북전쟁 이후
에 "제2의 탄생"을 경험했다. 이런 변화는 죽음에서 햇빛으로, 그리
고 어린이를 "작은 어른"에서 순진한 존재로 간주하는 쪽으로 진보
한 것과 무관하지 않지만, 그런 변화는 문화적인 불가피성과 부분
적으로 관련이 있었다. 주일학교가 복음주의 개신교의 사업으로 변
모한 것은 "일리노이 밴드"라는 활기찬 집단의 아주 정교하면서도
철저한 활동 덕분이었다.

 1864년 북부군의 어느 진영은 대단한 협력을 처음으로 이끌어
낸 만남의 장소가 되었다. 덕분에 조직을 거의 신성시하고 "주님의
군대"를 20세기를 향해서 행진하게 만든 열광적인 지지를 확보했
다. 시카고의 장사꾼에서 전업 전도자로 변신한 드와이트 무디, 그
리고 피오리아의 사업가 윌리엄 레이놀즈가 병력 가운데 시민 종
교 사업을 담당했다. 언젠가 그들은 미래에 관해서 토론을 벌였다.

드와이트 무디(1837-1899). 대중 복음전도 운동가로 활약한 무디는 주일학교운동의 발전에 결정적으로 기여했다.

레이놀즈가 자주 거론했고, 그리고 나중에 윤색되었을지도 모를 그의 회상에 따르면, 무디는 전쟁이 끝나면 주일학교 활동에 전념하자고 제안했다. "이 나라의 어린이들에게 그리스도를 찾아가는 길을 가르치고 그리스도 안에서 양육하는 것"은 "이 세상에서 더할 수 없이 큰 일"이었기 때문이다. 무디는 다음 달 6월에 주 전체가 모이는 스프링필드 주일학교 대회에 참석하도록 지시했다. 무디는 "그 대회를 장악해서 강력한 단체로 만들어보자"고 제안했다.¹⁾ 대회는 장악되었다. 일리노이 주에서 형성된 세력은 나중에 북미 지역 대부분을 장악했다.

"일리노이 밴드"에는 침례교회의 평신도이며 농산물 판매상이었다가 나중에 시카고의 유명인사가 된 벤저민 제이콥스, 젊은 감리교 목사 존 빈센트, 주일학교 편집자였고 장차 『시골뜨기 샌님』의 저자가 될 에드워드 이글스턴, 그리고 레이놀즈를 비롯해서 그들보다 비중이 떨어지는 다수가 참여했다. 무디가 영국계 미국인 사회의 대표적인 부흥운동가로서 보다 큰일에 주력하는 동안 제이콥스와 빈센트는 30년 동안 주일학교운동을 추진하는 데 있어서 창조적인 2인조이자 동역자들이 되었다. 이 둘은 조직을 운영하고 잠재력을 가진 다른 지도자들을 끌어들이는 능력이 아주 탁월했다. 그들은 교육개혁을 지향했고, 그 가운데 일부가 오늘까지도 계속되고 있다.

떠오르는 복음주의 남성 운동가들로 구성된 "일리노이 밴드"는 결국 정열적인 필라델피아의 사업가 존 워너메이커, 그리고 "57 버라이어티즈"의 하인즈처럼 준비된 동료들을 찾아냈다. 이들 모두는 배경과 경험과 미래에 대한 전망이 아주 비슷했다. 대부분 도시에서 일거리를 구하려고 일찍 집을 나왔고, 또 그들이 다닌 대학이라야 속칭 "학교의 문고리를 잡아보는 게" 전부였다. 다윈의 연구결과에 관심이 없었지만 제이콥스와 동료들은 대부분 개인적으로 이미 "적자생존"을 경험한 상태였다. 도시에서는 적극적이고 야심찬 신참들, 즉 길고 힘든 시절을 기꺼이 감내한 재주꾼들이 늘 보상을 받았다. 차선의 방책에는 낭만이 없었다.

열렬한 지지가 여러 사람과 도시에 영향을 미쳤는데, 특히 시카고가 그랬다. 어느 신시내티 주민은 약간 부러운 듯 이런 글을 남겼다. 바람의 도시는 "축축하고 고약한" 늪지에 자리 잡았지만 "순수한 열심 때문에 어느 곳보다 아름다운 도시가 되었다." 그 사람은 시카고에서 진행된 엄청난 양의 주일학교 사역과 발언의 양 사이의 유사점을 확인하고 이렇게 덧붙였다. "하지만 나는 그들의 발언이 자랑스럽다. 만일 그들이 그리 많이 떠들어대지 않았더라면 그렇게 많은 일을 해내지 못했을 것이기 때문이다."[2] 어떤 도시가 "북부에서 가장 큰 주들" 가운데 "가장 활기찬 곳"이라고 자처할 경우에 주일학교 사역자들은 상공회의소의 전망을 거의 벗어날 수 없었다. 그래서 자신들의 운동을 "세상에서 가장 위대한 것"으로, 그리고 스스로를 운동 전체를 위한 진정한 전위대로 간주했다.

새로운 주일학교 운동가들은 1850년대의 도시지역 부흥회에서 영향을 받았고 성경의 문자적 해석과 그리스도의 재림으로 구성된 19세기 중반의 전형적인 복음주의 신앙을 수용했다. 신학 공부에 관심을 보인 빈센트를 제외한 나머지 모두는 당시의 지적 문제에 거의 흥미를 보이지 않았다. 진짜 관심은 다른 곳에 있었다. 그들은 조직의 문제를 흥미롭고 매력적으로 생각했다. 제이콥스, 워너메이커 그리고 동료들은 정리되지 않은 인적 및 물적 자원을 깔끔하게 개발하고, 의미 있는 기구로 전환시키면서 미학적 즐거움을 느꼈다. 어쩔 수 없이 조직을 꾸린 게 아니었다. 그것은 인생의 중요한 창조적 행위이기도 했다.

그들의 질서에 대한 열정은 도금시대(Gilded Age, 1865년부터 1890년까지 풍요로움과 이면의 빈곤을 풍자하려고 마크 트웨인이 사용한 표현-옮긴이)의 급격한 변화 과정에 전국이 휩싸여 있던 남북전쟁 이후의 배경에 비추어서 파악할 필요가 있다. 어느 역사가는 이렇게 묘사했다.

> 국가적 삶을 새로운 형태로 조직하려는 노력과 실용적인 집단적 정체성에 대한 추구가 그 시대의 역동적인 성장 전반에 걸쳐서 진행되었다.…어떤 경제 체제가 동양과 인접한 태평양 연안, 유럽과 겨루는 대서양 연안, 그리고 남미를 마주한 멕시코 만을 동등하게 다룰 수 있었을까? 와이오밍의 양모 생산자와 고도로 산업화된 펜실베이니아나 뉴저지는 무슨 공통점이 있었을까? 뉴욕에 거주하는 사람은 새로

운 철로를 이용해서 인적이 드문 대륙을 가로질러온 캘리포니아의 오렌지에 담긴 의미를 모두 파악할 수 있었을까?3)

주일학교운동 역시 교단들과 거기에 속한 여러 교육협회처럼 전쟁 때문에 갈라졌다. 재결합은 어떻게 가능했을까? 물론, 북부의 주일학교 대표자들 가운데 노예제 폐지론이나 존 브라운(캔자스에서 노예제를 놓고 갈등을 벌일 때 두 번이나 노예제 지지자들을 습격해서 살해함으로써 유혈사태를 촉발시켰다-옮긴이)의 "극단론"을 수용한 이들이 전혀 없었던 게 도움이 되었다. 게다가 그들은 전후에 재건 논쟁이나 남부 자유민 권리에 관한 논의에 끼어들지 않았다. 하지만 교전의 기억과 게티스버그나 치카마우가에서 세상을 떠난 사랑하는 이들의 영혼이 주변을 맴돌았다. 위대한 주일학교운동에 참여하는 친절한 동역자끼리도 재결합은 쉽지 않았.

동부와 서부의 관계는 첨예했다. 중서부 지역 주일학교 연합회들은 스스로를 거침없이 자랑하면서도 동부 지역의 안정되고 자기만족적인 방식에 대해서는 무언의 불만을 결코 감추려고 하지 않았다. 더구나 시골과 도시 학교 사이에는 현격한 차이가 존재했다. 캔자스의 풀밭에 설치된 천막에서 활동하는 사역자들과 피츠버그의 거대한 도시 지역 교회의 사역자들은 무엇을 공유했을까?

그런 질문들과 불확실성은 1860년대 후반까지 해답을 못 찾았지만 1890년대까지 복음주의 운동가들은 모순된 충동이나 기대와 무관한 북미의 실체를 구축해냈다. 그들은 창조를 자랑스러워했다. 실제로 누군가는 단독으로 연설을 하다가 "일리노이 밴드"가 설립

도금시대의 대표적인 건축물 가운데 하나인 '더 브레이커스'(1893-1895 준공)

한 국제주일학교대회를 하버드 대학교나 뉴욕시 민주당의 오래되고 악명 높은 조직인 태머니홀의 용맹함과 비교할 정도로 무척 자랑스러워했다. 1896년 대회의 임시 의장 윌리엄 랜돌프는 자신이 참여하는 운동이 하버드를 넘어섰고 "주일학교 협회와 대조적이라고 전해들은 태머니라는 놀라운 조직"을 근소하게 뒤따르고 있다고 평가했다.

랜돌프의 발언은 정치와 무관했다. 19세기 후반의 북부 주일학교 지도자들이 공화당 쪽으로 기울었다는 게 대개의 생각이었다.(회중교회 한 목사는 1871년에 자신은 "안식일 학교 인물 가운데 민주당원은 겨우 한 사람"을 알고 있다고 비꼬았다.[4]) 랜돌프의 찬사는 복음주의 운동가가 조직사업을 전개하는 진정한 전문가들에게 바친 것이었다. 계속해서 그는 태머니가 뉴욕시를 확실하게 접촉할 수 있는 여러 구역들로 구분해서 "방문이 필요한 투표자"에게 24시간 안에 어김없이 접근하는 방법을 설명했다. 이상적인 주일학교 역시 비슷하다고 랜돌프는 말했다. 완벽하기만 하면 제이콥스는 "이 넓은 나라 곳곳에 그리스도인 사역자가 죄인에게 그리스도를 소개할 수 있는 선로를 놓을 수" 있었다. 태머니 모형의 등장은 주일학교 대회 시스템에 얽힌 실제 일화이다.

뉴욕시 민주당의 중앙위원회를 가리키는 명칭이 된 태머니홀

주님의 군대

1869년부터 1914년까지 개최된 전국주일학교대회는 알코올보다 레모네이드가 더 많이 소비되고 정치적인 갈등이 그리 과하지 않은 것을 제외하면 4년마다 열리는 공화당원이나 민주당원의 모임과 어느 정도 비슷했다. 정당의 비밀회의에서는 야심을 가진 사내들의 부침이 더욱 두드러졌을 테지만 주일학교의 토의에서는 여성들의 투표와 참여가 가능했다. 아니면 실제로 미국과 캐나다 출신 사역자들로 구성되고 3년마다 개최된 국제주일학교대회는 비슷한 사람들끼리 모이는 정치축제였다. 행진, 표어, 대중 집회, 간부회의, 뮤지컬 공연, 합창, 그리고 늘 그렇듯이 과도한 웅변이 넘쳐나는 텔레비전 이전 시대의 볼거리를 갖추고 있었다. 각 주에서 대표단을 이끌고 온 이들이 주일학교 활동을 보고했는데, 흔히 고향의 아름다움, 시민들의 장점, 그리고 주일학교의 탁월함을 자랑하면서 시작했다. 1890년에 열린 대회에서 뉴저지 주 대표는 이렇게 발언했다. "오늘 여러분 모두 '최고'의 조직을 보유하고 있다니 즐겁습니다. 42개(주의 개수를 가리키는)의 최고 조직들과 훌륭한 연설자들이 존재합니다. 본인은 모든 주들이 그것들을 보유할 수 있어서 기쁩니다. 뉴저지에 사는 우리들이 그것들을 만들어서 여러분들에게 보냈기 때문입니다."

이런 사례들이 보여준 열렬한 지지는 단지 재미 때문만이 아니었다. "뜨거운 지지"라는 개념을 구성하는 두 가지 요소인 "신속한 성장과 높은 기대"[5] 심리는 도금시대에 주일학교운동이 급속하게 팽창하도록 자극했다. 신속한 성장은 사실이었다. 무디, 제이콥스, 그리고 동료들은 1850년대에 일리노이 주의 대회를 장악하고 나서 효율적인 전국 규모의 조직이 존재하지 않는다는 사실을 간파했다. 미국주일학교연합회는 낡고 무기력했고, 그리고 재정상의 문제와 진부한 프로그램 때문에 취약해보였다. "일리노이 밴드"는 동부 출신 몇 명과 손을 잡고서 3년 주기의 전국적인 행사와 함께 카운티와 주를 대상으로 상호 연계된 일련의 집회를 해마다 개최하는 전국 단위의 대회 시스템을 추진하기 시작했다. 구조들은 초기 형태였지만 모두 활용할 수 있었다. 남북전쟁 이전에도 카운티와 주마다 산발적으로 집회가 개최되었다. 하지만 초기에 개최된 세 차례의 전국적인 대회들, 즉 시어도어 프렐링후이센이 주도한 1832년 집회, 경솔하고 규모가 더 작은 1833년의 집회와 1859년의 뉴어크 대회는 그 시스템에 거의 일관성을 부여하지 못했다. 결의를 다진 복음주의 운동가들은 제4차 전국대회 이후로 달려지려고 했고, 그리고 실제로도 그랬다.

주님의 군대는 "일리노이 밴드"가 자체 역량을 강화하기로 결정하고서 채 10년이 지나지 않은 1875년에 "제1차국제주일학교대회"가 개최될 때까지 활동할 준비를 갖추어가고 있다는 고무적인 조짐을 보여주었다. 대회 참석자들은 야심차게 "국제"라는 화려한 낱말을 추가할 수 있었다. 1875년의 대회에는 공식적으로라도 소수의 캐나다 대표단이 참석했기 때문이었다. 그 비율은 캐나다 대표 1인당 미국 대표자들은 무려 23명 정도였다! 1875년 대회에서 보다 중요한 상징적 사건은 조지아와 사우스캐롤라이나의 대표단이 매사추세츠 대표단과 "진심이 담긴 기독교적 축하 인사"를 교환하려고 가졌던 비공식 순서였다. 어느 조지아 출신이 나중에 전체 대회를 상대로 발언한 것처럼 "남쪽 아래 (매사추세츠)는 조금 완고하거나 광적이라는 평가를 받아왔습니다." 웃음이 잦아들자 그는 만일 그곳의 오랜 적들이 주일학교를 충실히 섬긴다면 "하나님이여 매사추세츠를 축복하소서!"라고 말할 수 있다고 장담했다. 남북전쟁과 재통합에서 비롯된 원한을 감안하면 이것은 국제적인 의미를 지닌 사건이었다. 복음주의 운동가들이 노련한 외교관이라는 게 증명되었다.

"일리노이 밴드"는 북미 대륙으로 확장된 새로운 조직을 당연히 자랑할 수 있었다. 직업이나 전업 사역자가 거의 드물었던 그들은 대부분의 주와 캐나다 지방에 자원봉사자 조직망을 발전시켰다. 오래지 않아서 타운십(township, 우리나라의 '동'에 해당하는 마을-옮긴이)이나 카운티마다 매년 주 대회에 보고되는 연례 대회가 개최될지 모른다고 기대했다. 그러면 3년마다 열리는 전국대회는 중추신경으로 바뀌어서 누구나 계통을 따라서 어떤 곳에 참석할 수 있었다. 대상을 제한하지 않는 접근은 교사들에게 극적이고 흥미로운 대규모 운동과 영감과 격려, 목회자나 주일학교 교장에게는 여행의 기회, 그리고 신참들에게는 충분한 여유를 안겨주었다. 성직자가 그 과정을 늘 좌우하지 못했다는 사실을 지적할 필요가 있다. "Y" 조직들을 제외하고는 달리 없었기 때문에 개신교 평신도들은 이곳에서 이류 시민이라는 난처한 구속을 벗어날 수 있었고, 그리고 자유롭게 교계에서 환영받은 적이 없는 방식으로 중대한 리더십을 행사할 수 있었다.

주일학교 대회는 몇 시간, 혹은 며칠에 불과했지만 일상적인 교구 생활에서 복음주의적인 그리스도인들을 구별하는 경계를 제거할 수 있는 대규모 교회, 보다 포괄적인 그리스도인의 공동체를 보여주었다. 1902년에 열린 모임에서 캐나다의 존 포츠는 주일학교를 "복음주의적인 기독교의 일치, 곧 영적 일치를 입증하는 위대한 '복음주의적 연합'"이라는 표현을 빌어서 25년간의 개인적인 체험을 요약했다.

자주 인정을 받지는 못했어도 간과할 수 없는 또 다른 미덕은 상대적으로 저렴한 대회 시스템의 운영비용이었다. 번잡한 조직이나 대규모 예산이 필요하지 않았다. 대회의 시조들은 주일학교를 가장 경제적인 학교라고 즐겨 추천했다. "최소의 경비, 최대의 이윤"이라는 격언을 대규모 시스템에도 적용한 것이었다. 그것은 깔끔하고 활발하게 운영이 되었고, 태머니홀 전략가들에게 칭찬을 받아야 할 정도로 독창적인 창조물이었다.

하지만 어떤 불안한 "가능성"이 앞에 도사리고 있었다. 자원봉사자들이 높은 기대를 유지하는 만큼 대회의 조직망을 확장할 수 있었다. 여러 교사들, 교장들 그리고 충직한 운영요원들의 정서가 흔들리면 그 시스템은 문제에 직면했을 것이다. 주일학교운동은 시카고에서처럼 "순수한 열정에 힘입어…형성되었고" 운동가들은 문제에 관해서 아주 확실한 태도를 취하지는 못해도 그런 현실을 충분히 인식하고 있었다. 1860년대 이후로 지속적으로 운동을 신속하게 성장시키고 높은 기대를 충족시킬 수 있는 다양한 방법을 동원했다. 복음과 희생과 헌신의 정신을 파고드는 게 무엇보다 중요했다. 이어서 고향에 대한 자부심, 즉 다른 카운티나 주에서 개최되는 대회를 압도하고 싶어 하는 바람과 함께 주일학교의 공적 기능과 책임감을 강조했다. 빅토리아 왕조 시대의 그리스도인들은 "숫자 놀이"를 하지 않았다. 통계상으로 성장하고 있다는 확신은 자원봉사자들의 사기 진작에 도움이 되었다. 통계간사는 국제대회의 핵심 직원이었다. 3년마다 반복되는, 통계 간사의 상당히 지루한 현황보고는 대회 일정 가운데 가장 기대되던 대표적인 순서였다.

하지만 이런 전술만으로는 대회 시스템을 유지하는 데 필요한 추진력을 확보할 수 없었다. 그 운동이 1880년대와 1890년대의 난관을 피해갈 수 있었던 것은 제이콥스의 통찰력 덕분이었다. "미국 주일학교 군대"의 눈치 빠른 총사령관은 1860년대에 또 다른 계략을 준비하고 있었다. 로버트 레익스가 수티 얼리에 주일학교를 개설한 이후로 개신교 교육에서 가장 많이 거론될 정도로 그의 동료들에게는 아주 단순하고 매력적인 개념이었다.

제2의 탄생

제이콥스가 거둔 대성공은 일치에 대한 모색과 비효율성에 대한 두려움에서 비롯되었다. 남북 전쟁 이후 대부분의 북부지역 주민들처럼 "일리노이 밴드"는 "연합"(Union)이라는 수수께끼 같은 개념에 빠져들었다. 그것은 자연스런 로맨스였다. 사람들은 전쟁에 지쳤고 더 이상의 갈등을 유발할 수 있는 불화는 무엇이든지 혐오했다. 게다가 "연합"은 링컨 대통령의 북극성, 즉 핵심적인 신조였다. 북군들이 이 명분을 위해서 싸우다 죽었다면 주일학교 사역자들은 그 의미를 적어도 시민과 종교 생활로 번역해볼 수 있었다. 그렇다면 "연합"은 무엇을 의미했을까? 개념이 모호하다 보니 전혀 다른 반응을 유발했다. 전후시기 전반에 걸쳐서 경쟁자들과 다투던 현실적인 인물들에게 있어서 연합은 **획일성**uniformity이라는 이상이었다. 그들은 사고와 행위의 획일성이 강력한 일치unity를 조성할 수 있다고 믿었다.

획일성에 대한 요구는 새로운 주일학교 지도자들 세대를 강력하게 사로잡았는데, 존 빈센트가 특히 그랬다. 1850년대에 젊은 목회자였던 빈센트는 대부분의 주일학교에 질서나 체계가 존재하지 않는 것을 이해할 수 없었다. 교사들은 즉흥적으로 학습교재를 선택했다. 교사 모집이나 훈련을 결정하는 일반적 기준은 없었다. 당연히 우발적인 혼돈이 뒤따랐다. 감리교 감독을 지낸 프랜시스 맥코넬은 빈센트 이전의 어려서 경험한 주일 아침을 이렇게 회상했다. "'조니 첫 구절을 읽고, 지미는 두 번째 구절을 읽어.' 그리고 제대로 읽지 못하는 우리 꼬맹이에게까지 그런 식으로 이어진다. '질문 있나요?' 잠잠했다. 그러면 교사의 눈에는 눈물이 그렁그렁 맺혔다. 우리가 전혀 흥미 없는 것처럼 보였기 때문이다. 이어서 우리 모두 동전 한 닢씩 던져 넣는 헌금함이 돌려졌다."[6] 이런 상황은 빈센트로 하여금 교육을 개혁하도록 자극했다. 적어도 교회는 공립학교의 지도를 받고 교직원 회의나 교사 훈련을 위한 지역 정규학교를 운영할 수 있었다.

존 빈센트(1832-1920). 시카고에서 목회자로 활동하면서 주일학교 관련 잡지를 운영했다.

1860년대 초반에 빈센트는 일리노이 전역에서 "주일학교교사훈련원"을 시작했다. 그는 1865년에 시카고에 둥지를 튼 잡지를 출범시켰고 복음주의 성향의 전체 교단에 속한 교사들이 사용할 수 있는 통일공과를 최초로 제안했다. 『주님과 함께 두 해를: 새로운 주일학교 학습제도』라는 이름을 가진 개요의 특징은 교사를 위한 유용한 제안이나 학생용 주간 암송 "핵심 성구"와 같은 온갖 유형의 혁신이었다. 빈센트의 사상이 시카고에서 공전의 히트를 거두자 얼마 지나지 않아서 동일한 성향의 전국 감리교회를 돕도록 뉴욕으로 와달라는 초청을 받았다. 그의 뒤를 이어서 시카고 〈주일학교 교사〉의 편집장 자리를 맡은 에드워드 이글스턴은 전국적인 반향을 불러일으킨 통일공과 시리즈를 재빠르게 개발했다.

주일학교 세계는 빈센트와 이글스턴의 활약으로 떠들썩했지만 통일공과를 특별하게 만든 것은 흉내 낼 수 없는 제이콥스 발언 덕분이었다. "이 나라의 주일학교 뿐 아니라 세계를 위한 것이 되기를 바란다! 주님을 찬양하라!"7) 제이콥스는 1869년 대회에서 통일공과를 강하게 밀어붙였다. 하지만 대규모 대회에서 지명을 받은 공과위원회가 주일학교에 필요한 7년 주기의 성경 주제 목록을 구성하려고 했던 이 개요가 대표들에게 채택되었으면 하는 때는 1872년이었다. 그렇게 되면 주일학교마다 유아부터 신앙이 깊지 못한 성인들까지 모든 사람이 공과를 공부할 수 있었다.

쉽게 받아들여진 단순한 개념은 단순하거나 쉽게 팔리지 않았다. 동부의 오랜 사역자들은 지지를 보냈지만 일부 교파나 독립 출판사들은 그런 간섭을 격렬하게 반대했다. 교재 시장은 성장하고 있었고, 가끔 수입이 좋은 사업을 제공하기도 했었다. 제이콥스의 계획은 교단에 대한 충성심을 전복시키고, 다른 교재에 대한 소비자의 욕구를 억누르기 때문에 수입에 영향을 끼칠 수 있었다. 이런 주장이 공개적으로 거론된 적은 거의 없었지만 그런 현실에는 의문의 여지가 없었다. 빈센트나 이글스턴 마저 잇달아 반대했다. 여러 위원회가 관련된 특별한 관심사를 잘 알고 있던 이글스턴은 "특정 위원회"가 공과의 본문을 선별하는 것은 "의욕적인 활동에 치명적"이라고 지적했다.8)

그 사이에 제이콥스와 참모진들은 엄청난 대중적 지원을 결집하고 현장 사역자들을 규합했다. 대표들은 그 문제가 1872년 인디애나폴리스 대회에서 투표에 부쳐지자 자신들이 세기적인 결정에 참여하고 있다는 것을 깨달았다. 일각에서는 그것이 내세를 위한 결정이라는 사실을 전혀 의심하지 않았다. 그 집회의 공식 보고에는 이따금씩 감정이 "도덕적 정점에 도달"할 정도로 강렬했다고 기록되었다. 안건에 의문이 제기되자 제이콥스가 통일공과를 지지하는 발언을 했다. 반대가 없지는 않았지만 모두 자리에서 일어나서 "긴 송영"을 부름으로써 승리를 인정했다. 제이콥스는 승리했다. 통일 혹은 국제공과 시스템은 현실이 되었다. 주일학교 역시 승리를 거두었는지의 여부는 50년간 계속해서 논란거리가 되었다. 주일학교 운동의 발전과정에서 단일 행동이 그토록 많은 칭찬과 비난을 초래한 적이 없었다. 지지자들은 그 계획을 거룩한 목적이나 되는 듯이 옹호했다. 무디는 1872년의 결의로부터 24년이 지난 뒤에 존경하는 어투로 그 개요를 거론했다. 그는 주간공과를 출판한 신문의 부수를 "세계에서 일어난 가장 큰 기적 가운데 하나"로 간주하면서 "하늘에서 허락하지 않은" 사람이 공과위원회의 이름을 거론하지 않도록 기도했다.[9]

또 다른 관찰자는 30년간 통일공과를 경험한 것을 잠시 회고하면서 1872년을 주일학교운동의 완벽한 "제2의 탄생" 시점으로 단정했다. 그 시기는 "성경에 대한 목적 없고, 변덕스런 방황이 끝나고"[10] 주일학교가 마치 모세처럼 성막 위에서 길을 이끄는 구름을 받는 순간이었다는 것이다. 한 마디로, 통일공과가 약속의 땅에 이르는 길을 예비했다는 것이다.

나중에 비평가들은 비난도 동일하게 쏟아냈다. "일리노이 밴드"의 개혁을 불쾌하게 여긴 20세기 초반의 진보적인 "종교교육가들"은 통일공과를 개신교 유산 가운데 자신들이 개탄하는 모든 것의 상징으로 받아들였다. 현대 교육의 최상의 기준에 따라서 판단할 경우에 그 시스템은 대부분의 내용을 결여하고 있었다. 그렇지만 이 비판은 설계자들의 의도를 실질적으로 간과했다. 본디 그 계획은 비효율성에 대한 일종의 항거였다. 그것은 얼마 지나지 않아서 기능이나 결과 면에서 효율성은 물론이고 일치와 역량을 촉진하는 조직에 유용한 장치가 되었다. 이런 결과들은 보다 심층적인 검토가 필요하다.

하나의 거대한 주일학교 세계

통일공과는 영어권 세계의 복음주의 개신교에 제2차 바티칸공회 이전의 로마 가톨릭 미사에서 사용한 라틴어처럼 개신교식 일상어를 잠시 제공했다. 아이다호의 보이지 출신 주일학교 학생이 미국이나 영국계 미국인의 영향권에 속한 지역의 교단에서 운영하는 학교에 다니더라도 거의 불편하지 않았다. 어느 캐나다 사람의 발언은 사실이었다. "당신이 장로교회, 침례교회, 회중교회, 혹은 감리교회 주일학교에 참석하더라도 같은 성경을 읽고 배우게 된다."[11] 이런 유형의 획일성은 쉬지 않고 끊임없이 움직이는 사람들에게 이동이 주는 긴장감을 완화시켰다. 마을을 통과하든지, 아니면 대륙을 가로질러서 이동하든지 주일학교는 어디서나 동일했고, 주일학교에서 위안을 얻을 수 있었다. 그리고 어떤 어린이가 한 곳에서 어린 시절을 보내면서 학교를 옮겨 다녀도 크게 뒤떨어지지 않았다. 나중에 〈백화점 신문〉의 기자 겸 발행인이 된 윌리엄 알렌 화이트는 조그만 캔자스 마을에서 "순전히 친목 때문에" 주일학교를 다섯 군데나 다녔다. 그는 가는 곳마다 똑같은 질문을 예상했다. "자, 핵심 성구를 말해볼 사람?"[12] 합의가 되어 있었기 때문에 고향에서 멀리 떨어진 어린이는 물론, 윌리엄 화이트처럼 사교적인 토박이 어린이도 자유로웠다. 주일학교와 통일공과가 물론 성인들까지 – 어린이가 드문 근대적인 일부 시골 지역은 거의 그랬지만 – 분명히 대상으로 삼았지만, 운동이 진행되는 과정에서 일차적인 보상은 어린이에게 집중되었다.

제이콥스의 계획은 교회 일치와 세계적 형제애라는 상징들이 대체로 관심을 끌지 못하던 시대에 그것들의 도래를 예고했다. 미국의 그리스도인들은 19세기가 말에 다른 인종, 지역, 교파 그리고 국가들의 그리스도인들과 본질적인 정체성을 축하할 수 있는 몇 가지 방법을 보유하고 있었다. 1870년대의 주일학교 지도자들은 북부와 남부 사이의 균열을 완벽하게 치료하는 것 이외에도 무한한 가능성을 가진 새로운 미래를 꿈꾸었다. 게다가 그들은 "대개 하나님의 말씀에 대한 무지를 가능하게 하는 편협하고 비성경적이고, 지독하고 고집 센 종파주의의 뿌리 자체를 강타"하게 될 "그리스도인들 간의 진정한 보편성에 대한 감정"의 증진을 기대할 수 있었다.[13]

모든 그리스도인들이 동일한 공과를 공부하면 "같은 내용을 말씀하시는 하나님의 음성"을 듣게 되지 않을까? 뒤를 돌아보면 "반드시 그렇지는 않다"는 대답을 얻게 된다. 진정한 보편성에 대한 주일학교의 비전은 다소 비현실적이고, 성경적 기독교의 의미에 관한 지나치게 과도한 복음주의적 합의를 전제한 것으로 밝혀졌다. 성공회나 루터교회처럼 일차적으로 의식을 중시하는 교회들이 조금이라도 그것을 시도했다면 커다란 난관에 봉착했을 것이다. 공과의 순서가 교회력의 리듬과 쉽게 어울릴 수 없기 때문이다. 침례교회, 감리교회, 장로교회와 같은 복음주의 교단들은 교구 학교에 발송하는 "교수 자료"에 자신들의 독특한 교리를 얹어서 판매하는 경향이 있었다. 통일공과는 교단 출판 사업을 방해하지 않았다. 그것은 단지 주일학교대회의 주기와 결과를 연계시켰을 뿐이었다. 그것은 오늘날까지 계속되고 있다. 미국기독교교회협의회가 주제를 결정하고 교단들이 자료를 제공하는 "국제공과" 가운데 성인 시리즈가 적어도 한 가지는 여전히 출판되고 있다.

또 다른 측면에서 볼 때 제이콥스의 공과개요는 보다 큰 일치를 성공적으로 상징했다. 통일공과는 얼마 지나지 않아서 국제(미국-캐나다)대회에서 유일하게 진정한 국제적 측면을 떠맡았었다. 1900년까지 3백만 명 이상의 영국인 학생들과 교사들이 공과를 사용했고, 뉴질랜드, 호주, 한국, 중국, 일본을 비롯해서 영국과 미국 선교사들이 체류하는 곳에서는 어디든지 동일한 자료들이 배포되었다. 통일공과는 40개의 언어와 인도의 방언들로 번역되었다. 세계적으로 사용되었다는 것은 미국의 개신교 제국이 세계 도처로 확장되었다는 것을 의미했다. 후기 빅토리아 왕조시대의 대영제국에 결코 태양이 지지 않았듯이 개신교의 영향권에서도 그랬다. 개신교인들은 주 중에는 복음주의 제국을 잊을 수 있었지만 국제공과를 배우는 주일에는 쉽게 지나칠 수 없었다. 20세기 학자인 쉐일러 매튜스는 어릴 적 도금 시대에 널리 보급된 똑같은 주일학교 공과 공부에서 "어떤 영감"을 떠올린다.14) 일부는 영적 제국을 지속할 수 있는 하나의 학교, 성경구절 그리고 주 단위 교재라는 특징을 지닌 통일 공과를 지상의 천국으로 간주했다.

"제이콥스의 추종자들"은 주일학교를 가시화하고, 미국적 풍경의 중대하고 무시할 수 없는 지형으로서 지도에 포함시키려고 했다. 한 가지 목표는 가능한 한 최대한의 인원에게 도움을 제공하는 것이었는데, 그것은 세속적인 출판의 힘을 빌려야 성취할 수 있었다. 19세기 초반에 미국주일학교연합회는 책, 잡지 그리고 소책자를 출판하면서 신문과 대중 잡지가 여론을 주도하는 사회에서는 부적절한 방법이라고 할 수 있는 대중 집회를 간간이 지속했다. 총사령관 제이콥스는 주간 성경구절과 공과해설을 가장 널리 홍보하는데 주력했고, 그 덕분에 신문의 관심을 사로잡은 복음주의 운동가들의 기술은 주일학교가 19세기 후반에 가시화된 이유를 설명하는데 큰 비중을 차지했다. 무디는 신문의 대단한 영향력을 거론할 때 지나치게 과장하지 않았다. "핵심 성구" 수업은 이따금씩 한 주간 동안의 중요한 종교 소식이었다. 주일학교 거물들이 선택한 성구에 주석을 붙이는 논설기고자들끼리 열띤 경쟁이 벌어졌다. 잠시 동안 국제공과위원회가 북미 개신교인들의 지적 및 종교적 자양분을 실제로 결정하는 것처럼 보였다. 신문을 구독하는 가톨릭 교인이나 유대인들은 당연히 복음주의적 관점에 노출되었다.(어쩌면 가톨릭의 교구 주보는 부분적으로는 19세기 후반에 복음주의 성향의 종교 소식이 세속 출판물을 압도한 데 따른 반발로 시작된 것으로 보인다.)

　공과위원회위원들은 미국 노동조합의 출판위원회가 화려하게 사용한 표현이었던 "인간 양심의 명령자"를 자처하지 못했다. 하지만 그들은 새롭게 유명세를 타고 있다는 것을 의식하고서 특수 이익집단들에게 충성을 요구했다. 선교운동의 옹호자들은 "선교 교육"에 대해서 자신들의 정당한 몫을 기대했다. 마찬가지로 여성기독교절제연합(WCTU)은 육체의 울타리를 강조했다.

　프랜시스 윌러드가 1890년에 열린 국제대회를 회고했듯이 결국 흰색 리본을 맨 부인들은 주일학교를 훌륭하게 섬겼다. 윌러드 부인이 1889년의 WCTU 대회에 참석한 466명의 대표들 가운데 주일학교 사역자들은 일어서라고 요청하자 6명이 안 되는 사람들만 자리에 앉은 것을 언급하면서 "우리는 외부 세력이 아니라 여러분 자신들과 한 몸입니다"라고 밝혔다. 그녀는 계속해서 말했다. "우리는 국제주일학교 공과를 좋아합니다. 그것은 여러 국가들 간의 위대한 최초의 상호계약이고 우주의 평화를 위한 하나님의 복된 세례 요한이기 때문입니다." 따라서 그녀는 보상의 수준을 자유롭게 결정할 수 있다고 생각했다. "우리는…적어도 한 해에 네 번 정도는 특별한 절제 교육을 실시하도록 요구합니다." 그것은 "포도주잔, 맥주잔 혹은 술병을 가까이 하는" 교사를 계속해서 고용하지 않겠다는 맹세로 끝나는 여러 가지 요구들이 담긴 목록의 맨 앞에 배치되어 있었다.[15]

여성기독교절제연합을 창립하고 회장을 지낸 프랜시스 윌러드(1839-1898)

윌러드 부인의 청원은 대담했지만 수긍 못할 정도는 아니었다. 주일학교는 압력단체의 합법적인 목표물로 발전하게 되었는데, 그것은 시선이 집중된 데 따른 예기치 못한 결과였다. 복음주의 운동가들은 WCTU가 요구하는 모임의 확실한 결과를 비롯해서 어떤 논쟁이든지 피하려고 했지만 절제 운동이 훨씬 더 큰 소란을 야기할 수 있다는 것을 알고 있었다. 그래도 그들은 주일학교가 "유명해졌고" WCTU가 한 해 네 차례씩 절제에 관해서 교육받는 것을 위안으로 삼았다.

복음주의적 운동가들의 효율성에 열정은 통일공과를 사용하는 주일학교들에서 절정에 도달했다. 필라델피아만큼 효율성의 성취 수준을 구체적으로 보여준 곳은 없었다. 미국의 진보를 주제로 1876년에 그 도시에서 개최된 백주년 박람회에서 한 장면을 확인할 수 있다. 또 다른 장면은 북미에서 가장 큰 베서니 주일학교였는데, 일부는 세계에서 최고라고 생각했다. 베서니 주일학교 자체가 진보의 상징이었고 수천 명의 어린이를 끌어 모아서 통제하고 가르치는 학교였다. 그 학교의 설립자이자 대표적인 후원자는 두려움을 모르는 상인이며 유명한 주일학교 교장이었던 존 워너메이커였다. 워너메이커는 낡은 종교교육이나 장사 방법에 안주하지 않았다. 그는 주일학교와 상점은 보다 효율적일 때 가장 잘 돌아간다고 믿었다. 일차적으로는 광고를 사용해야 했다. 사업을 알리고 나서 그것을 매력적이고 유용하게 만드는 게 그의 지론이었다. 워너메이커는 비슷한 원리들을 자신의 혁신적인 백화점과 주일학교의 운영에 응용했지만, 후자가 상점을 그대로 베꼈다고 말하는 것은 정확하지 않다.

존 워너메이커(1838-1922).
사업가와 정치인, 그리고 주일학교운동가로 활동했다.

그 반대가 사실일 때도 있었다.

워너메이커가 베서니 주일학교와 자신의 상점에서 직면해서 해결한 문제, 즉 다수의 사람들을 효과적으로 다루는 것은 주일학교 운동에서 아주 중대한 문제였다. 그 필라델피아 상인은 지역 교장들 가운데서도 사실 드문 경우였고, 운동가들은 유명한 "주일학교 군대"가 미숙할 뿐더러 이따금씩 함량 미달의 행동을 하는 자원봉사자들의 단체라는 것을 알고 있었다. 그들이 필요로 한 것은 아마추어들이 운영할 수 있는 단순하고, 효율적이고, 그리고 파괴되지 않는 시스템이었다. 통일공과는 그런 기대에 부응할 것처럼 보였다. 그 시스템은 가정 공부에 적합해서 교사들에게 부과되는 짐을 줄여 줄 것 같았다. 공동체 전체가 공과를 알고 싶어 했고, 또 교사 훈련을 단순화하면 대리 교사를 더 많이 활용할 수 있었다.

제이콥스와 추종자들은 새로운 공과가 대중을 상대하는 데 해답으로 활용되면 주일학교운동이 모두의 삶과 접촉할 때까지 확장될 수 있다고 생각했다. 다른 것은 만족스럽지 않았다. 운동가들은 하늘나라에 대한 독특한 비전을 소유하고 있었다. 그것은 **하나의 거대한 주일학교를 닮은 세계였다.** 미래에 대한 이런 이미지는 복음주의의 열정과 미국적 "대중주의"를 반영했다. 운동가들은 대개 신앙뿐 아니라 동기 역시 복음주의적이었다. 그리스도인으로서 그들이 추진하는 사업은 "영혼의 구원"이었다! 세계는 깨진 항아리와 같다는 무디의 비관론을 누구나 받아들이지는 않았지만, 가능한 한 많은 사람들을 구원한다는 그의 선교 개념을 부정하지는 않았다. 개인의 발전보다는 집단이 강조되었다.

주일학교 지도자들 역시 라이먼 비처가 최초로 주장했고 전통에 반영된, 주일학교는 모두의 것이라는 원리에 충실했다. 대중적인 원리는 통일공과를 단순하게 생각하던 학문적 비평가들과의 논쟁을 유발했다. 주일학교 지도자들은 만일 "지성인"들의 충고를 받아들였다면 자신들의 운동은 엘리트를 위한 노리개로 전락했을 것이라고 주장했다. 1899년의 국제대회에서 대중적 성향의 강사는 "평범한 사람"이 자신의 유산이라고 주장하면서 이렇게 말을 이어갔다.

> 나는 국제공과 시스템의 가장 큰 장점을 평범한 사람들의 활용과 교화를 위해…존속해 왔다는 것이라고 생각합니다. 얼마 전 한 사내가 내게 이렇게 말했습니다. "오, 학문적이 아니군요. 학문적인 게 필요할 겁니다." 좋습니다. 그러나 평범한 남녀와 소년과 소녀는 책벌레가 아니고, 자신의 방을 서가로 꾸미거나 신학 연구와 학문적으로 성경 연구에 몰입할 수 없습니다.

"일리노이 밴드"와 동료들은 통일공과가 교육과정의 토대로 활용하기에 비효율적이거나 효과적이지 않다고 판정한 비평가의 평결을 결코 인정하지 않았다. 한 마디로, 통일공과의 개요는 한 세대의 기념물이었다. 운동가들, 그리고 동일한 가치를 공유하는 후속 세대를 위한 복음주의적 신앙의 상징이 될 정도로 삶에 대한 관점이 아주 명확했다. 북부 앨라배마와 남부 몬태나의 성인학급에서는 여전히 3개월에 한 번씩 절제를 배우고 있다.

한 시대의 종말

20세기 초반에 주일학교는 새로 맞이하는 백 년간 눈부시게 성장할 준비가 되어 있는 것 같았다. 호래이쇼 앨거가 마침내 행동에 착수했다. 1875년에 열린 국제대회 이후 30년 동안 인원은 두 배 이상으로 증가했다. 사역자들 가운데는 미국 사업계의 대표적인 인물이었던 존 록펠러와 부인은 각각 클리블랜드 주일학교의 교장과 초등부 담당자로 봉사했고 자녀들은 가끔 보조교사 업무를 담당했다. 그리고 나중에 〈크리스천 센추리〉가 "전국에서 가장 성공적인 '피클 상인' 보다는 주일학교 박애주의자로 기억될" 인물로 소개한 하인즈16와 1922년까지 생존한 존 워너메이커가 있었다. 워너메이커는 1889년에 벤저민 헤리슨 대통령이 체신부 장관으로 발탁하자 자신의 상점을 다른 사람들에게 흔쾌히 맡겼다. 하지만 베서니 주일학교를 돌보기 위해서 매주 필라델피아를 방문하는 일은 포기하지 않았다.

고무적인 징조는 그뿐이 아니었다. 1889년에 열린 제1차 세계주일학교대회에서 영국계 미국인들이 주도권을 잡았다. 주일학교 세력들은 금주운동을 전개하면서 승리를 거두었다. 그들은 노스다코타는 마무리되었다고 주장하면서 캔자스와 다른 주에서의 주류 추방을 도왔다. 주일학교의 정책을 비웃는 이들도 일부 있었지만 나머지는 그 운동을 얕볼 수 없는 상대로 간주했다. 어느 쪽이 사실이든 간에 주일학교는 쟁점에 깊숙이 관여했고, 그렇게 해서 사회복음이나 나중에 등장할 사회개혁 운동의 선례가 되었다. 주일학교운동이 새로운 세기에 미래의 도전과 약속, 그리고 요구에 부응하려면 논쟁은 불가피했다. 어느 사역자가 1902년에 발언했듯이 "하나님은 미국에 세계를 이끌어야 할 능력을 허락하신 것 같다.…독특하고 특별한 의미에서 이 국제대회는 복음과 세계의 운명을 신뢰해 온 것 같다."[17]

신뢰는 대단했다. 열성적인 지지자들은 대부분 확신에 찬 분위기였지만, 약간의 문제가 없지는 않았다. 의식 있는 사람들은 "일리노이 밴드"의 후계자들을 구하는 것과 같은 문제들을 염려하기 시작했다. 제이콥스는 1902년에 세상을 떠났다. 존 빈센트는 감리교 감독으로 주일학교 활동에 여전히 관여했지만 자신이 돕는 거대한 문화 사업인 쇼토쿼를 "전국 안식일학교 대학교"로 만드는 데 상당한 힘을 쏟고 있었다. 필적할만한 재능 있는 지도자를 찾아볼 수 없었다.

통일공과에 쏟아진 비판 역시 골치 거리였다. 성경의 본문을 선택하는 위원회가 "국제적인 삼단뛰기 놀이"라는 조소 섞인 농담을 사용해도 전혀 새롭지 않았다. 1890년대에 제기된 "가위와 풀 항아리를 정신없이 사용한 괴상한 작품"이라는 야유는 더욱 감당하기 어려웠다. 심지어 금주법 지지자들 사이에서도 4개월에 한 차례씩 실시하는 교육이 문제가 될 정도였다. 어느 우호적인 비평가는 이렇게 지적했다. "공과위원회는 5년 내지 7년 동안 완전한 금주를 제대로 가르치려고 한 해 네 차례씩 배정된 공과내용을 성경에서 찾아내지 못하고 있다."[18]

게다가 주일학교운동은 현대 성서신학의 반갑지 않은 침입, 즉 유럽 대륙으로부터의 본문 및 과학적 "고등비평"의 혼란스런 수입에 맞서서 스스로를 지키지 않을 수 없었다. 대규모 대회의 따뜻한 위로 속에서 주일학교운동은 "오늘날 반 성서비평의 속박을 거부하는 독일이 과거에는 우리 자녀들이 안식일학교의 교육과정에서 누리는 것과 똑같은 특권을 자녀들에게 누리게 했다"는 말을 듣고 안심했다.19) 그리고 메이슨-딕슨 라인(북부와 남부의 경계선-옮긴이) 밑에 있는 주일학교가 안전하다는 것 역시 안심이 되기는 마찬가지였는데, "남부의 종교생활은 다른 곳에서 적어도 잠시라도 기독교의 목적에 바람직하지 않은 징조를 보이는 어떤 영향에 굴복하지 않았다"는 게 그 이유였다.20)

성경은 "오래된 책," 즉 진화론자와 이단들과 확고하게 맞설 수 있는 과거에서 온 특별한 존재이자 오류를 막아낼 수 있는 유일한 방벽으로 부상했다. 1893년에 공과위원회는 성서신학을 위한 또 다른 여지를 인정하면서 이렇게 보고했다. "주일학교에서는 과학적 연구를 할 수 없다. 평범한 주일학교 학급에서 고등비평이나 하등비평을 찾으려면 등불을 켜고 찾아보아야 할 것이다." 그런 주장은 비평가들의 "우울한 용어들"을 공과에 도입하기보다는 평범한 사람들에게 성경을 쉽게 설명할 필요가 있다는 것으로 이어졌다.

비슷한 방어 심리가 미국의 대도시들과 그곳의 종교적 욕구에 대한 반응을 파고들었다. 거의 모든 대중주의자들이 속으로 "평범한 사람들"을 떠받들지 않았지만 주일학교 지도자들은 그 형식을 깨뜨리지 않았다. 1850년대의 시어도어 프렐링후이센처럼 그들은 신세계 해안에 도착한 새로운 이민자들 때문에 경악했다. 1889년에 런던에서 개최된 세계주일학교대회에서 미국의 한 연사는 이렇게 말했다. "이제 우리 대표들은 뉴욕시가 미국인의 도시가 아니라는 것을 잘 알고 있습니다.…우리는 훨씬 더 많은 (이민자들이) 다른 곳보다 영국에서 온다면 기쁠 것입니다. 우리들은 형제라고 부를 수는 없는 아주 많은 사람들과 함께 지내고 있기 때문입니다." 세기가 바뀔 무렵에 주일학교는 "미국인의 도시가 아닌 곳"에서 가장 심각한 도전이 직면했다. 아이오아의 한 주민은 변경의 위치에 대해서 질문을 제기하면서 자신이 사는 지역에서는 주일학교에 대한 논의가 동부의 선교지역과 "시카고를 어떻게 복음화 할 수 있을까? 어떻게 혼란에 처한 그 도시를 도울 수 있을까? 아니면 어떻게 해야 혼란을 끝내 종식시킬 수 있을까?"라는 긴급한 문제로 선회하고 있다고 말했다.[21]

도시들이 변경으로 바뀌었다. 뉴욕의 노련한 사역자는 하나님과 이웃을 증오하도록 가르치는 "무정부주의자들"이 시카고에서 세 개의 주일학교를 접수했고 머지않아 맨해튼에서도 몇 곳을 확보할 것이라고 확신했다. 대부분의 주일학교 사역자들은 변화하는 도시를 적대시하면서 자연스런 거주지로 인정하지 않았다. 역설적으로 그들은 엘리스 섬에 상륙한 새로운 이주자들, 즉 이국땅의 외로운 외국인들과 상당히 비슷한 인상을 받은 게 분명했다.

19세기 후반의 주일학교 지도자들은 흑인 주일학교를 돕는 일을 무척 어색하게 생각했다. 그들은 1890년대와 1900년대에 흑인 지향적인 실험을 여러 차례 실시했다. 국제대회 측에서는 "유색인들"이 주나 지역 수준에서 대회를 개최할 수 있는 유사한 조직 구조를 개발하려고 흑인 직원들을 고용했다. 나중에는 여러 재단들과 흑인 사역자들이 남부 전역에서 흑인 교사의 훈련을 위한 특별 프로그램을 후원했다. 이런 전략들은 대체로 만족스럽지 않았다. 주일학교 운동의 상층부는 흑인 주일학교를 지속적으로 돕지 못했다는 죄책감을 떨쳐내지 못했다. 그 실패는 흑인과 백인 사이의 상당한 균열을 반영했다.

제이콥스 진영은 남북 전쟁 이후의 중대한 시기에 흑인 주일학교의 특별한 공헌을 파악하거나 이해하지 못했다. 가령, 남부의 흑인 주일학교들은 읽기와 쓰기 교육을 담당해야 했다. 어느 흑인 주일학교의 노련한 사역자가 1881년의 국제대회에서 밝히려고 했듯이 주일 수업은 흑인들의 "공립학교" 구실을 했다. 미국 흑인 교육사를 최초로 다룬 역사가 가운데 한 사람인 카터 우드슨 역시 막 풀려난 노예들에게 글을 가르치는 과정에서 흑인 주일학교가 담당해야 했던 중요한 역할을 비슷하게 평가했다.

그 주제를 연구하는 사람들은 누구나 광범위한 일차 자료들을 활용하지 못했다. 그런데 우드슨의 견해에 따르면 대부분의 흑인들은 은밀하게 하던 일을 해방 이후에는 공개적으로 시도할 수 있었다. 그들은 주일마다 읽고 쓰는 법을 배웠는데, 먼저 철자와 간단한 낱말을 배우고 나서 마지막으로 성경을 읽었다. 우드슨은 이렇게 말했다. 그렇게 할 수밖에 없는 동기는 "기독교적 의무와 그리스도인에게 주어질 대가에 대한 더 나은 지식 때문이었다. **이 흑인들 대부분은 평범한 학생이 한 주 동안 주간 학교에서 익힌 것보다 더 많은 내용을 배울 때가 많았다.**"[22]

일찍이 남북전쟁 이후에 시작된 남부의 흑인 대학들은 이따금씩 교수진이 교육을 담당하는 주일학교에 포함되었던 것 같다. 대학들은 흑인 회중들을 토대로 확보하고 있었고 교사들은 채용 당시에 자신들이 대학과 주일학교 모두를 책임진다는 사실을 잘 알고 있었다. 후자의 경우에는 고등교육 프로그램을 마칠 수 없는 청소년들에게 다가가려는 목적을 가지고 있었다. 흑인 대학과 주일학교 교육 간의 고리와 우드슨의 이론은 둘 다 흑인 주일학교가 19세기 후반에 고유한 역할을 수행했다는 것을 보여주었다. 백인 주일학교대회의 정교한 장치가 대개 쓸모없다는 사실을 복음주의 운동가들은 확실하게 이해하지 못했다.

지도력의 부재, 도시의 도전 그리고 흑인 주일학교는 간단하지 않은 문제들이었다. 그렇지만 무엇보다 큰 문제는 주일학교를 비웃는 사례가 늘어간다는 것이었다. 사소해도 간과할 정도는 아니었다. 19세기 초반의 비평가들은 주일학교운동의 역량이나 생동감에 익숙했지만, 1890년대 무렵에는 진지하게 고려하는 이들이 얼마 되지 않았다. "주일학교 소풍처럼 천진난만한, 주일학교처럼 순수한, 주일학교의 발언처럼 정직한" 등의 경멸적인 표현이 일상의 대화에 등장했다. 마크 트웨인은 톰 소여가 어떻게 성구암송 제도를 혼란에 빠뜨렸는지 재미있게 설명했다. 톰이 다니는 주일학교 교장 월터스는 "태도가 아주 진지했고, 아주 정직하고 솔직할 뿐 아니라 성스러운 것들과 그런 장소들을 꽤나 존중했다. 그래서 그것들을 세속적인 것들과 따로 구별했고, 주일학교에서 말 할 때는 자신도 모르게 평소에 전혀 듣기 어려운 이상한 억양으로 발음할 정도였다."[23]

마크 트웨인이라는 필명으로 알려진 새무얼 클레멘스(1835-1910). 미국적 장면과 모국어의 가능성을 발견한 작가로 널리 인정받았다.

부담 없는 유머도 있었다. "학교 아닌 학교가 생겨날 때는?" 답은 "주일학교가 모일 때" 였다. 1900년 가을에 존 록펠러 주니어는 나중에 미국 연방대법원장이 된 에반즈 휴즈의 후임으로 뉴욕시 5번가 침례교회의 남성 성경공부 반을 맡았다. 새로 부임한 교사는 이내 신문들로부터 온갖 주목을 받았다. 록펠러라는 이름이 미국 사업계에 관해서 언론을 격분시키는 모든 것을 상징한다는 게 일부 이유였고, 주일학교가 놀림거리가 될 정도로 늙었다는 게 또 다른 이유였다. 〈피츠버그 신문〉은 "태어날 때부터 나라의 돈지갑을 움켜진 그가 영적 문제를 떠드는 것은 경건세를 지불하는 것"이라고 꼬집었다. 만평가들은 제때를 만났다. 뉴욕 〈저널〉은 록펠러가 성경을 들고 학생들 앞에 서 있는 모습을 실었다. 그의 입에서는 테이프 출력기의 종이테이프가 쉬지 않고 흘러나왔다.24) 그림 밑에는 "현대판 주일학교"라는 글이 씌어있었다. 주일학교는 크게 부각되었지만, "일리노이 밴드"의 예상 이상이라서 그만큼 더 취약했을 것이다.

그래도 제이콥스와 동료들의 시대에 대한 "마지막 환호"가 1910년에 제6차 세계주일학교대회가 열린 워싱턴 DC에서 터져 나왔다. 윌리엄 태프트 대통령은 직접 비공개 회의에서 세계의 대표자들에게 확신에 찬 발언을 했다. "일반 교육으로부터 어떤 견해를 받아들이든지 간에 개신교, 가톨릭 그리고 유대인을 아우르는 우리 모두는 주일

록펠러 부자. 왼쪽이 아버지 존 록펠러(1839-1937), 오른쪽이 존 록펠러 주니어(1874-1960)

학교 교육이 세속적인 도덕의 향상과 종교 정신을 확보하는 데 절대적으로 필요하다는 것에 동의한다." 가톨릭 교인이나 유대인을 옹호하는 것처럼 보일 수 있는 태프트의 발언은 20세기 미국 종교의 모호성과 다원성을 알리는 무의식적인 전조였다.

하지만 1910년에는 미래에 대한 걱정을 잠시 접고 과거의 영광을 즐길 수 있었다. 참석자들이 대규모 행진을 벌일 수 있게 의회가 휴회했는데, 폭우도 아랑곳하지 않은 성대한 축제였다. 거리의 구경꾼들은 지나가는 깃발들을 무관심하게 바라보았다. "술집을 추방하자," "대법관 [데이빗 조시아] 브루워는 주일학교 교사," "갈릴리 사람을 따르는 미국인들," 그리고 "태프트는 주일학교를 공정하게 대한다"라는 내용이었다. 행렬이 연단을 지나가는 순간에 서로 배경이 다른 대표들 사이에서 한껏 고무된 특별한 함성이 쏟아졌다.

> 콜로라도가 크고, 콜로라도가 위대해도
> 독립 백 주년에 유일하게 가입한 주라 해도
> 광산에 금이 있고 은이 풍부해도
> 은행에 돈이 있고 상점에 물건이 있어도
> 영광스런 우리 주의 가장 소중한 유산은
> 하나님을 위해서 주일학교에서 길러낸 일꾼들

일리노이 대표단의 노래는 그 무엇보다 감동적인 몸짓이었다.

그대의 놀라운 영광이 없었다면/ 일리노이 일리노이

민족의 영광도 없으리라/ 일리노이 일리노이

그대의 지난 기록에는/ 드와이트 무디의 이름 제이콥스

레이놀즈 그리고 우리의 눈물이 남았지/ 일리노이 일리노이

그것은 과거의 영광에 대한 강력한 호소였다. 1864년에 주에서 열리는 주일학교대회를 장악하기로 약속했던 두 명의 동지였던 무디와 레이놀즈는 마지막 점호에 응답했고, 그리고 제이콥스 역시 그렇게 해서 총사령관이 되었다. 세계와 북미 주일학교대회들이 오랫동안 지속되기는 했지만, 1910년의 꿈은 희미해져 갔다. 한 시대가 종말을 맞이하고 있었다.

 주

1. Andrew Mills, op. cit., 104. 주일학교를 교회의 "꿀" 로 묘사한 레이놀즈의 표현은 Official Report of the Tenth International Sunday School Convention(1902), 233에 실려 있다.
2. Simeon Gilbert, The Lesson System(New York: Philips and Hunt, 1879), 26.
3. H. Wayne Morgan, "Toward National Unity," The Gilded Age, 개정판 (ed.) H. Wayne Morgan(Syracuse: Syracuse University Press, 1970), 2.
4. Henry F. May, Protestant Churches and Industrial America(New York: Harper & Row, 1967), 77.
5. Daniel J. Boorstin, The Americans: The National Experience(New York: Random House, 1965), 121.
6. Francis J. McConnell, By The Way(New York: Abingdon-Cokesbury Press, 1952), 233.
7. Gilbert, op. cit., 37.
8. Ibid., 46.
9. Eighth International Sunday School Convention(1896), 252.
10. Official Report of the Tenth International Sunday School Convention(1902), 166, 167.
11. Ninth International Sunday school Convention(1899), 92.
12. The Autobiography of William Allen White(New York: The Macmillan Company, 1936), 44.
13. First International Sunday School Convention(1875), 45, 47.
14. Shailer Mathews, New Faith for Old(New York: The Macmillan Company, 1936), 245.
15. Sixth International Sunday School Convention(1890), 169-70.
16. Thomas Curtis Clark, "An Estimate of the International Sunday School Convention," The Christian Century(XXXI, 1914년 7월 9일).
17. Official Report of the Tenth International Sunday School Convention(1902), 224.
18. Seventh International Sunday School Convention(1893), 178.
19. Eighth International Sunday School Convention(1896), 178.
20. Ninth International Sunday School Convention(1899), 35.
21. Fifth International Sunday School Convention(1887), 82.
22. Carter Godwin Woodson, The History of the Negro Church(Washington, D.C.: The Associated Publishers, 1921), 268. 강조 추가.
23. Mark Twain, The Adventures of Tom Sawyer(New York: Grosset and Dunlap, 1946), 39.
24. Raymond B. Fosdick, John D. Rockefeller, Jr.: A Portrait(New York: Harper & Brothers, 1956), 126-27.

CHAPTER 06

흘러간 학교 대 새로운 학교

게다가 우리는 주일학교가 죽었다는 것을 인정해야 할지 모른다.[1]

어느 교회 전문가

주일학교는 "미국에서 가장 중요한 기관"이다.[2]

어느 "고참"

 **1910년에** 세계주일학교의 행진을 진지하게 지켜본 일부 사람들은 끝으로 "강에서 만날까?"를 한 번 흥겹게 부르고 나서 "주님의 군대"를 알링턴 국립묘지에 안장하고 싶었을 것이다. 주일학교운동의 임박하거나 혹은 늦은 죽음을 알리는 부고가 20세기에 들어서면서 전해지기 시작했고 그 이후로 정기적으로 계속되었다. 사실 워싱턴 집회는 주일학교운동 최후의 명장면들 가운데 하나였고, 태프트 대통령 이후로 최고 경영자들이 주일학교를 국가의 도덕을 향상시키는데 필수적이라고 공공연히 앞세우거나 의회가 주일학교의 행진 때문에 휴회하는 일은 없었다. 그렇다고 해서 그 기관이 운명을 다한 것도 아니었다. 20세기 주일학교의 서사시에는 대단한 인물이나 영웅이 등장하지 않았다. 19세기와 비교해보면 그 이야기는 그리 자극적이지 않았다. 하지만 드라마는 있다. 그 드라마는 "잘난" 비평가들과 직업적인 이론가들이 한물갔

다고 생각하는 기관이 죽기를 거부하는 과정을 보여준다.

　미국에서는 모든 학교들이 거듭해서 비판거리가 되고 있지만, 1900년 이후로 주일학교만큼 무자비하게 공격을 받은 학교는 없었다. 일반적으로 공립학교를 겨냥한 비난은 유명하거나 영향력 있는 인물들의 강력한 변론에서 비롯되었다. 하지만 주일학교의 지지자들은 한 목소리로 비난하는 사람들 때문에 대개 드러나지 않았다. 1920년대의 대표적인 개신교 교육자 가운데 한 사람은 주일의 수업이 본래의 교육적 목적을 회복할 수 있다고 생각하지 않았다. 전통, 무보수 교사진, 기준의 결여, 교육과정 그리고 성직자들을 비롯한 모든 것들이 "그것과 다르다"는 게 그의 판단이었다.[3]

　비평가들의 주장대로라면 유행에 뒤쳐진 주일학교는 평일의 초교파 프로그램, 공립학교에서 실시하는 종교에 **관한** 수업, 교외 종교교육, 가정 중심 수업, 혹은 휴가 교회학교로 대체되는 게 당연했다. 기회가 있을 때마다 이름을 변경하는 게 현명해보였다. 20세기 초반에는 과거의 "불쾌한" 별명을 피하기 위해서 "교회학교"라는 이름이 등장했다. 일부 교단들이 그 명칭을 채택했다. 1940년대의 감리교 지역교회들은 "교회학교"와 "주일학교"의 지지자로 갈라져서 실제로 다툼을 벌였는데, 공식적인 정책을 따르는 전자가 승리했다. "교회학교의 주일 아침 시간"이라고 부르는 것을 좋아하는 사람들도 있었다.

　20세기 중반까지 앓고 있는 환자의 숨이 넘어가지 않자 존 워너메이커가 애정을 쏟던 기관은 인간들이 죽어가는 것에 삼가는 적대감의 표적이 되었다. 1940년대에 주일학교는 "협박"이 아니면 "매력적인 시간"이라는 식으로 다양하게 묘사되었다.[4] 〈크리스천 센추리〉의 편집장으로 유명한 찰스 모리슨은 주일학교를 온갖 범죄를 위한 편리한 속죄양으로 간주했다. 그는 종교적 해독력이 하향곡선을 그리게 만들면서도 종교를 중시하는 자원봉사자 교사들이 일주일에 겨우 한 시간씩 가르치는 것을 비난했다. 모리슨은 주일학교를 손으로 가리키면서 그 덕분에 "미국 사회가 세속적인 정신에 물든 사회가 되었다"고 탄식했다.[5]

만일 "하나님의 보좌에서 흐르는 강"의 둑에 있는 것들을 알아차렸다면 주일학교의 부고장을 작성한 성도들의 진영은 아마 당황스러웠을 것이다. 주일학교는 그것들을 견뎌냈고, 그리고 비교적 개혁이 부진한 주에서는 개혁자들을 무수하게 겪었기 때문이다. 대중적인 종교의 관행은 결코 쉽게 바뀌지 않지만, 오래된 주일학교가 사망 통고를 받았음에도 불구하고 생존해온 이유를 습관이나 관례만으로는 제대로 설명할 수 없다. 노력을 해보지도 않은 채 소중한 기관을 포기하는 것에 동의하지 않은 수많은 20세기 그리스도인들에게 그 운동은 과거처럼 여전히 살아 움직이고 있었다.

계속된 싸움은 미국 개신교 내부의 커다란 분열을 상징하게 되었다. 한 쪽에는 교회 전문가들, 즉 현대 문화의 지시에 따라서 주일학교를 개혁하기로 결정하고 준비를 마친 새로운 사람들이 자리 잡고 있었다. 20세기 초반부터 1940년대까지 전문가의 깃발은 "종교교육가들"의 몫이었다. 다음 세대, 즉 자유주의 이후의 교회교육가들과 후계자들은 제2차 세계대전 이후에 전문적인 싸움을 계속했다. 다른 쪽에는 반대 세력이 전열을 가다듬었다. 고참들 old-timers

이 가장 두드러졌는데, 그들은 제이콥스 시절처럼 주일학교를 유지하고 싶어 하는 복음주의자들이었다. 이외에도 평신도들 상당수가 개혁자들과 맞서 조용하면서도 꾸준히 은밀한 저항을 계속했다. 지루한 갈등은 제2차 세계대전 당시 엘 알라메인의 결정적인 연합군 루트보다 제1차 세계대전 때 힌덴부르크 전선을 따라 참호를 파고 대치하던 형태에 더 가까웠다. 시간표는 장소에 따라서 달랐고 저격수의 총성은 오늘날까지 들린다. 물론, 소강상태는 고참들이 종종 상황을 주도했다는 식으로 정리되었다. 주일학교에 대한 이런 현대적 긴장상태는 신학과 교단정책, 그리고 에큐메니컬 배경의 흐름만 표본으로 삼은 역사적 접근의 시도보다 개신교 문화의 다층적 성격에 관해서 훨씬 더 많은 내용을 소개한다.

"중류 도시," 1910-1945: 전문가들의 좌절

일찍이 〈토요 문학평론〉의 편집장을 지낸 헨리 캔비는 "의무에 충실한 처녀들이 성경을 읊조리고, 비신학적 시대의 연금술을 다룬 논문처럼 무의미한 교리문답을 암기하고 또 다시 암기하던" 1890년대의 주일학교를 회상했다. 대개 어린이들은 경험이 비슷했다. 주일학교는 빅토리아 왕조 시대 안식일의 독특하고 망각된 활동들 가운데 핵심을 차지할 만큼 의미 있는 용어가 아니었다. 안식일을 구성하는 요소들은 무척 다양했다. 교회, 주일학교, 특별한 의상. 그리 격식을 따지지 않는 가정은 구운 소고기와 주일학교 신문. 그리고 보다 엄격한 가정은 식은 고기와 찬송, 성경 읽기와 산책. 그 날은 특별했다. 캔비는 "단정한 옷깃과 소매부리 그리고 주일학교 복장을 하고 있어서 사람들은 단정했다"고 회상했다. "그리고 조용한 이웃들의 평온함 덕분에 마음이 푸근해졌고, 그리고 종이 울리면 아주 많은 교인들이 가족끼리 느리게 행렬을 이뤘고, 예배를 위해서 차려 입은 옷 덕분에 먼 옛날의…모습을 보는 기분이 들었다."[6]

종교교육가들은 같은 기억을 가졌지만 그것을 달가워하지 않았다. 그들은 제이콥스와는 다른 세계에 속한 신세대였다. 그들은 대학교육을 받았고 교육학적으로는 존 듀이의 진보 사상, 그리고 신학적으로는 월터 라우센부시의 사회복음에 심취해서 성서비평에 대한 당시 학자들의 판단을 두려워하지 않았다. 유능하고 첨단을 달리던 집단은 무엇보다 비슷한 생각을 가진 현대인에게 호소력 있는 종교를 바랬다. 종교교육가들은 아무리 의견이 서로 갈리더라도 낡은 주일학교가 더 이상 부적절하다는 데는 의견을 같이 했다. 신세대는 "의무에 충실한 처녀들"처럼 헌신적인 자원봉사자들을 존중하면서도 오래 전부터 전해진 관습의 일부인 주일학교에는 조금도 향수를 느끼지 않았다. 마침내 진보주의자들은 가까스로 1백년 이상 지속된 그 기관은 이미 진부하고 무의미하다는 결론을 내렸다. 주일학교는 급속히 변화하는 사회에서 변화를 모르는 그릇된 유형에 속했다. 주일학교는 개혁되어야 했다.

말이 나온 김에 개혁자들이 19세기의 자유주의자 호레이스 부시넬에게 자주 도움을 받은 것과 역사상 유래 없는 방식으로 지적 거인을 전유했다는 사실을 지적하지 않을 수 없다. 부시넬은 생전

월터 라우센부시(1861-1918). 기독교 신학자이며 침례교 목사였고, 미국 사회복음 운동을 주도했다.

(1802-1876)에 주일학교운동에 거의 기여하지 않았다. 그는 어린이를 "회심이 필요한 작은 어른"으로 간주한 19세기 중반의 주일학교 이념과 정면으로 맞서 어린이는 언제나 그리스도인이었던 것처럼 양육해야 한다고 주장했기 때문이다. 종교교육가들은 주일학교의 맥락에 부시넬을 끌어들여서 자신들의 개혁 사상을 지나치게 성숙한 수준으로 끌어올렸다. 게다가 그들은 부시넬식의 "기독교적 양육"이 대중적인 개신교 교육의 핵심이라는 인상을 조성했는데, 그

것을 바로잡으려고 수고하는 역사가들이 드물다.

통일공과는 낡은 방식을 가리키는 특별한 상징이었다. 그 제도는 종교교육가들의 상식이나 심리적 판단과 어긋났고, 연령이 다른 사람들에게 같은 공과를 제시하는 것은 교육적으로 어리석은 행동이었다. 그들은 어린이의 이해와 요구 – 개신교 교육사전에서 이내 진부해진 새로운 용어 – 가

호레이스 부시넬(1802-1876).
19세기 미국을 대표하는 신학자이며 기독교적 양육이라는 개념으로 가정교육의 중요성을 강조했다.

어른들에게 언제나 적합한 게 아니라고 주장했다. 더구나 어른들에게는 말이 되더라도 어린이들이 이해하기가 어려울 때가 많았다. 통일공과에 대한 그런 비판은 근거가 없지 않았다. 1906년 가을에 어느 네 살배기 남자아이는 일곱 남자와 결혼한 여성이 부활의 때에는 누구의 아내인가라는 문제를 다루는 공과로 기독교 수업을 처음 시작했다. 게다가 성경을 다루는 것 역시 아주 서툴렀다. 구약성경 공과에는 어린이들이 좋아할 것 같아서 선택된 요셉과 다윗, 그리고 사자 굴의 다니엘이 자주 등장했지만, 가끔 있는 절제 교육에 아모스가 적당히 활용된 것을 제외하면 예언자들의 비중은 적었다. 1920년대의 급진적 평화주의자이며 종교교육가인 윌러드 업하우스가 통일공과의 실제 약점을 거론한 바 있다. 그는 성경의 내용을 이리저리 건너뛰는 것은 어린이들에게 "자신들이 배우고 있는 윤리와

종교적 개념의…오랜 역사적 발전을 이해할 수 있는" 기회를 제대로 제공하지 않는 것이라고 지적했다.[7]

게다가 종교교육가들은 전통적인 교육과정이 청소년들의 관심과 정서를 무시했다고 비난했다. 이것은 전혀 다른 관심이었다. 청소년이라는 개념이 인생의 구별된 단계로 등장한 것은 19세기 후반이었다. 십대들은 산업사회의 교육이 학교에서 보내는 시간을 점차 확대시키고, 그에 따라서 성인으로서의 완벽한 책임감이 연기되고 난 뒤에 조명을 받았다. 1880년대와 1890년대의 개신교인들은 오늘날까지 여전히 모호한 문제들을 끌어들였다. 교회가 십대들을 "붙잡아 둘 수" 있을까? 점차 길게 벌어지고 있는 사춘기와 결혼 사이의 기간 동안 성적 잠재력을 조절할 수 있을까? 두 가지 질문 모두 주일학교 교육가들의 상상력을 괴롭혔다.

청소년들의 요구들에 부응하려는 조직들이 모습을 드러냈다. 메인 주 포틀랜드의 어느 회중교회 목사가 시작한 기독교 면려회가 한 가지 모델이었지만, 교단들은 초교파 단체에 자금과 관심을 주려고 하지 않았다. 감리교엡워스연맹과 미국침례교청년연합이 1889년까지 출범했다. 20세기에 걸맞게 청소년의 관심을 사로잡기 위해서 성인의 영감이 담긴 온갖 새로운 시도들이 활기를 띠었다. 암호 사용, 비밀 공식, 단체복장, 회원 배지, 그리고 여러 가지 계급들이 그것들이었다. 일부 단체들은 고대의 이상적인 기사도의 영향을 받았다. 성배기사단은 "고백, 순결, 자비"를 모토로 정했다.

십대들의 도전에 직면한 교회 어른들의 불안과 경계심은 어느 것으로도 진정되지 않았다. 20세기의 1분기에 발행된 주일학교 출판물에는 "내기 당구장의 행태"에 대한 경고, 소년들에게 성에 무관심하라는 훈계, 그리고 "품위 없는" 길거리의 교훈에 대한 비난이 넘쳐났다. 1911년의 국제주일학교대회는 성적 금욕을 뜻하는 빅토리아 왕조 시대의 완곡한 표현인 "순백의 삶"을 주입하려고 순결이라는 분과를 도입했다. 종교교육가들은 이런 접근에 공감하면서도 주일학교가 청소년을 제대로 다루려면 가야 할 길이 멀다고 생각했다.

　기본적으로 개혁자들은 주일학교라는 교육사업의 무능함 때문에 당혹해했다. 공립학교는 교회 프로그램을 압도했다. 개선될 기미가 거의 없었고 시설은 퇴보하고 있다는 것을 가장 잘 보여주는 상징이었다. 교회 지하실이 종종 교실로 사용되었는데, "차갑고, 어두운 방들은 난로 연통들로 정교하게 장식되어 있었다."[8] 그와 달리 19세기의 어느 회중이 교육 "시설"을 갖출 능력이 있는 경우에는 늘 애크런 설계를 따랐다. 단상에 교장의 책상이 있고 객석 끄트머리에는 돌아가면서 칸막이를 설치해서 교실로 사용하는 일종의 동굴 극장이었다. 통일공과를 주로 사용하는 학교마다 오하이오 시에서 최초로 등장한 애크런 디자인을 가장 좋은 구조로 간주했다. 교장은 높게 설치된 화려한 책상에서 수업의 시작을 알리고, 학급을 감시하고 그리고 마지막에는 공과를 복습하는 식으로 모든 활동을 지휘했다. 1910년까지 대부분의 "주일학교 건물들은 낡은 통일공과를 값비싼 벽돌과 회반죽으로 포장했다." 그런 열정은 오늘날 유물로 남아서 자리를 지키고 있지만, 그 무대는 연극 사역으로 십대를 "붙잡아두려고" 시도하는 회중들에게 유용했다.

애크런의 제일 감리교 감독교회에서 최초로 시도된
애크런 설계를 따른 예배당(캠퍼 홀). 커튼으로 학급을 구분했다.

　종교교육가들을 실망시킨 것은 지나치게 상술로 흐르는 일반적인 주일학교 프로그램이었다. 고참들은 폭발적인 인기를 끄는 사업을 계속하고 유지하려고 다양한 판촉 기법의 도움을 받았다. 출석과 질서를 유지하는 통속적인 방법이 주일학교의 친위대가 되었다. "언제나 정각에 도착, 언제나 공과 공부, 그리고 언제나 그리스도에게 헌신." "정각에 오는 사람들"은 그것을 "지키겠다고 서약하고 상기시키는 핀"을 받았다. 지역 학교들은 총동원의 날, 결단의 날, 어린이의 날, 그리고 음악회와 소풍을 실시했다. 전국 단위의 조직들은 연령에 따른 본부, 표어 그리고 주제가들이 넘쳐났다.

　종교교육가들은 이런 북새통을 목적의식이 있는 사역자들은 찾아볼 수 없고 너무 오랫동안 주일학교를 좌우해온 아마추어들의 활동으로 간주했다. 사실 아마추어 정신은 그들이 전통적인 운동과 벌이는 논쟁의 핵심이었다. 지도력은 **전문적**이어야 했다. 왜 그래야 할까? 공립학교, 사회사업 그리고 도시생활에는 전문가들이 필요했다. 개신교 교육이라고 달라야 할까? 개혁자들의 구조에서는 자원봉사자 지도자들이 전문적인 "종교 교육 지도자"의 도움을 받아야만 했다. 그렇지 않으면 목회자가 전문가 역할을 맡아야 했다. 적어도 주나 교단의 중심에는 전문가들이 적어도 한 명은 있어야 했다. 공식은 간단했다. 전문가가 없으면 개혁은 불가능하고, 학교 역시 존중할만한 가치가 없었다.

몇 개의 단체들은 시카고 대학 총장 윌리엄 하퍼가 주도해서 1903년에 출범한 독자적인 종교교육협회보다 그 공식을 더 고집하기도 했다. 다재다능한 인물이었던 윌리엄 하퍼는 성경에 관한 학문적인 연구를 일반화하는데 지속적으로 관심을 가졌다. 성경통신과정이라는 그의 독창적인 작업은 통일공과에 대한 일종의 측면 공격이었다. 협회의 창설 역시 마찬가지였다. 창립자들의 명단에는 세기의 전환기에 대학교와 종교 생활을 대표하는 유명 인사들 가운데 일부가 포함되었다. 이 소규모 단체는 주일학교를 철저한 현대적 기관으로 변형시키고 싶어 하는 개혁자들의 "중추신경"으로 발전했다.

윌리엄 하퍼(1856-1906). 시카고 대학교의 초대 총장을 지냈고, 현재까지 지속되고 있는 종교교육협회의 창립을 주도했다.

종교교육협회가 "중추신경"이라면 국제종교교육협의회는 새로운 운동을 조직하는 데 중심에 있었다. 1922년에 창설된 협의회는 주일학교대회의 유산과 강력한 여러 교단 교육위원회의 관심사를 하나로 집약한 표현이었다. 그것은 야심에 찬 전문가들이 두드러지게 약진할 수 없는 더할 수 없이 좋은 기회를 상징했다. 협의회의 잘 훈련된 교육 관련 직원들은 주일학교의 교육과정의 전면적인 변화를 위한 야심찬 계획을 제출했다. 그들이 제시한 "국제교육과정"은 낡은 방식의 통일공과를 대체하는 것 이상이었다. 최신의 교육학적 성과를 반영했다. 오랜 준비 과정 끝에 결국 "계단공과" 시대가 도래했다.

계단공과는 존 듀이, 윌리엄 제임스 그리고 손다이크 같은 인물들의 통찰력과 이론에 의존했다. 그들의 접근방식은 20세기 초반의 대중 교육을 압도했다. 동기유발을 감안해야 할 필요성, 성숙의 여러 단계들과 학습 능력의 등급화가 대표적이었다. 학습과정에서는 작고, 연속적인 단계들이 전체적인 정보의 집합체에 반복적으로 충분히 노출되는 것보다 더 적합한 것으로 간주되었다. 종교교육가들은 각 연령집단의 발달에 따른 요구를 진지하게 받아들이면서 영아, 유아, 유년부 어린이, 초등부 어린이, 중등부 청소년, 고등부 청소년, 청년, 청장년, 장년, 그리고 노인을 위한 주일학교 자료와 교수 지침서들을 준비했다. 특정 연령의 학습에 적합한 즐거운 물리적 환경이 제시되었다. 어린이 침대, 서너 가지 크기의 등받이가 달린 어린이용 주일학교 의자들, 그리고 교실 장식 재료가 교육용품 카탈로그에 등장했다.

듀이의 심리학에 물든 종교교육가들은 이름에 걸맞게 교회학교의 시설을 애크런 방식 이상으로 밀어붙였다. 그들은 종종 회중들에게 예배당을 칸막이로 구분해서 만든 교실보다는 더 편안하고 기능적인 환경이 학습을 강화시킨다는 사실을 성공적으로 설득해냈

존 듀이(1859-1952). 철학자이며 심리학자, 그리고 교육개혁가였고 아동중심의 진보주의 교육을 주장했다.

다. 개혁자들은 대부분 광범위한 교사훈련 프로그램을 과감하게 구성했다. 주일학교 교사들이 적어도 잠시 동안은 공립학교 교사들과 마찬가지로 가장 최근의, 가장 탁월한 교육 사상에 접하는 것처럼 보였다.

종교교육가들은 새로 찾아낸 전문적인 지식에 대해서 19세기의 황금기를 압도했던 대중의 뜨거운 지지를 결코 이끌어낼 수 없었다. 황금기 당시의 대표적인 지도자들은 제이콥스나 워너메이커 같은 평신도들이었다. 그렇지만 1930년까지 낡은 방식의 자원봉사자들은 주일학교 업무를 지휘하는 것으로 알려진 최고 수준의 위원회에서 밀려났다. 전임 전문가들이 확실하게 책임을 맡았고, 어쩌면 별다른 생각 없이 그럴 수도 있었지만 자원봉사자들은 전문가의 지도를 받는 잠재적인 훈련대상자로 간주되었다. 지역에서 활동하는 평신도 교사들은 높은 자리에서 확실하게 밀려난 것을 불쾌하게 생각했다.

따라서 종교교육가들의 진보주의 사상은 사역자 집단 사이에서 추상적이었을 뿐 아니라 애매하게 자리를 잡지 못했다. 과거의 교육 목적은 상당히 명확했다. 오로지 회심이었다. 예컨대, 록펠러 1세 부부가 뉴욕에 정착해서 허드슨 강을 따라가면서 주일학교 사역을 담당했을 당시에 록펠러 부인은 학생들의 명단을 공책에 정리하면서 회심한 그리스도인들 앞에는 대문자 "C"를 적어 넣었다. 그녀는 어떤 이름에는 이런 기록을 추가했다. "1894년 7월 2일에 세상을 떴다. 처음에는 그리스도인이 아니었다."9) 록펠러 부인의 확실한 복음주의는 "의로운 삶"과 기독교적 "성품 교육"이라는 모호한 발언에 집착한 것으로 보이는 20세기의 종교교육가들에게는 별다른 의미가 없었다. 주일학교 일에 겨우 두세 시간을 할애하는 교사들은 종교교육가들의 목적을 교실에서 실제로 통역하는 게 쉽지 않았다. 진보주의 교육, 즉 문제 해결과 학습자의 요구에 관심을 갖도록 강조하는 경험 중심 접근 역시 일반 자원봉사자들에게는 불가능한 정교함과 시간을 할애하도록 요구했다.

당연히 종교교육가들은 지방에서 인정을 받지 못했고, 그리고 공적 분야에서는 동료 전문가들에게 환영받지 못했다. 공립학교들이 성격 형성 교육을 제대로 실시하는데 종교교육 때문에 온갖 소란을 피울 필요가 있었을까? 쉐일러 매튜스는 신랄하게 지적했다. "종교교육이 출범할 당시에는 앨버트 왕자(종교 교육가 앨버트 코우를 빗댄 표현-옮긴이)의 외투를 걸친 세속 교육이었다."10)

그러는 동안 평범한 주일학교는 일상과 관습이 거의 변화하지 않은 채 생명을 이어갔다. 제이콥스가 "중류 도시," 즉 로버트와 헬렌 린드의 획기적인 사회학적 연구로 유명해진 전형적인 1920년대 미국 사회의 주일학교 학급들을 방문했다면 대개 편안한 느낌이었을 것이다. 린드 부부가 주일학교들 간의 일부 편차와 부분적으로 개선된 내용을 보고했지만, 그들의 의견은 대체로 이랬다. "주일학교를 다녀보면 모든 학급과 교회들의 활동이 상당히 비슷하고 90년대 이후로는 비교적 변화가 거의 없었다." 평균적인 주일학교에 대한 린드 부부의 묘사에는 종교교육가들이 혐오하는 모든 내용이 담겨있었다.

소란하지만 진지한 게 시작하는 시간의 특징이다. 늦은 사람들과 서기들 때문에 이곳저곳이 너무 소란해서 여러 차례 중단되었다. 찬송가를 부르는 시간이 많았다. "나는 곧 천당에 가리"같은 찬송을 특히 좋아해서 거듭 불렀다. 교장이 기도할 때 성인들은 "아멘"을 자주 말할 테지만, 가만히 있지 못하는 아이들은 말똥말똥 쳐다보거나 괜히 꼬집었다. 주일학교 전체가 공과 낭독을 듣고 나서 작은 모임으로 쪼개져서 방 전체로 흩어졌다. 모임마다 성실한 교사가 정면에 있는 긴 의자의 등받이에 기대서 학급을 마주하고… (대략 30분 정도 지나면) 강단의 종소리를 신호로 끝나고, 이어서 교장이 "해야 할 말 있는 사람"이 있는지 묻는다. 응답이 없으면 헌금이 발표되고, 주일학교 신문이 배포되고, 그러고 나서 모든 학생들이 와자지껄 햇빛을 향해 달려 나갔다.[11]

종교교육가들의 기준으로 "중류 도시"의 주일학교를 평가하면 일종의 재앙이었다. 비슷한 수백 개의 공동체들이 시골 지역을 가득 채우는 동안에 개혁자들은 자신들의 이념을 구체화한 몇 개 안 되는 모델들을 제시할 수 있었다.

"흘러간" 학교여 돌아오라: 1910-1945

1929년에 월스트리트가 붕괴하자마자 전문가들은 밑바닥에서의 패배를 준비하기 시작할 수 있었다. 먼저, 공황은 개혁 활동의 흔적을 지워버렸다. 주로 예산 싸움에서 패배했기 때문이었다. 전문적인 사역자들은 비용이 많이 들었지만 낡은 방식의 학교는 내구력이 있고 비용이 저렴했다. 계속해서 1930년대와 1940년대에는 유럽에서 건너온 새로운 신학이 강타했다. 종교교육가들은 자유주의 신학과 자신들의 운동을 결합했는데, 역사적 진보주의와 사회복음을 미국식으로 버무린 것이었다. 칼 바르트나 라인홀드 니버 같은 인물들이 주도한 새로운 신학은 자유주의가 불신을 받는 시기에 인기를 누렸다.

둘째, 미래에 대한 개혁자들의 이미지는 지나치게 낙관적이라는 게 밝혀졌다. 그들은 개인의 지속적인 성장 가능성을 신뢰하듯이 점진적으로 부단히 진보하는 미래를 예상했다. 세기의 전환기에 등장한 관념적인 세대의 전형적인 설득방식이었다. 어느 평론가의 지적처럼 그 당시 대부분의 미국인들은 "보편적 도덕성을 주로 보장하는 것은…하나님의 뜻이나 논증이나 전통이 아니라 **전개되고 있는 미국의 미래**"라고 생각했다.[12] 사실 그들이 고수하는 목표는 국가의 번영을 순결이나 미래의 축복과 화해시키려고 했던 라이먼 비처의 바람과 크게 다르지 않았다. 미국의 장래에 대한 희망은 안정된 기관을 재형성하고, 새로운 전문직을 개척하고 그리고 통속적인 종교관을 개혁하는 복잡한 과제를 떠맡을 수 있는 용기를 제공했다. 신학대학원 교수들, 교회의 관료들 그리고 그들의 추종자들로 구성된 소규모 집단에게 그것은 분명히 대담한 과제였다. 상대적으로 소수였던 최초의 주일학교 주도자들이 강력한 후원을 이끌어낼 수 있었다면 종교교육가들은 불가능할까? 종교교육가들은 많은 사람들을

칼 바르트(1886-1968). 독일에서 공부하고 스위스 자펜빌에서 목회를 하면서 1918년에 『로마서 주석』을 완성하고 자유주의를 극복한 신정통주의의 대표적인 신학자이다.

끌어 모을 수 있다고 생각했고, 미국적 상식에 근거한 대중 운동을 예상했다. 그들이 사람들은 실용적이고, 정신적으로 깨어있고 민주적인 사랑을 흠뻑 받고 있다고 가정했다는 게 더욱 중요했다. 어린이들은 선천적으로 호기심이 많고, 지적이고, 건전한 사고를 하는 존재들이라서 언젠가는 세계의 재구성에 도움이 될 것이다. 거기에 미래의 희망이 달렸다는 게 그들의 생각이었다.

희망과는 전혀 달리 20세기의 미국은 역설적인 왜곡과 예상하지 못한 결과로 가득한 또 다른 유형의 진보를 경험했다. 종교교육가들은 자신들이 쇠퇴하는 결정적이면서도 핵심적인 이유를 전혀 예상하지 못했다. 그들은 필요한 신병을 모으지 못했을 뿐이라고 생각했고, 그래서 학문의 세계를 비롯한 사회의 현안과 행위에 대해서 국외자로 남기로 결심한 비전문적인 복음주의자들을 소외시켰다. 개혁자들이 민주주의를 확고하게 신뢰하기는 했었지만 맞수들에게는 사람들에게 자신들의 뜻을 강제로 관철시키려고 하는 또 다른 엘리트라는 인상을 남겼다. 성직자들의 지배나 종교의 권위주의에 대해서 철저하게 맞섰음에도 불구하고 그들은 새로운 "사제 집단," 즉 다른 사람들에게 가장 좋은 게 무엇인지 알고 있다고 생각한 전문가들이라는 비난을 샀다. 노동자 계층이나 소홀히 대하던 도시의 어린이들을 중심으로 모든 사람들에게 다가갔다. 그렇지만 그것 역시 성공을 거두지 못했다. 그들이 주장하는 복음은 개혁적인 지도자들의 모습과 상당히 비슷한 중산층이 더 선호한다는 게 입증되었기 때문이다.

거의 20세기가 시작될 무렵부터 전통적인 주일학교에서 부지런히 일하는 아마추어들은 대학교에서 훈련받은 전문가들이 "평범한 사람들의 대학"을 봉사와 거리를 두게 만들지 모른다고 의심했다. 자존심과 진지한 확신이 뒤엉킨 고참들은 "겉치레뿐인" 신사들이 "공장과 사무실과 농장에서 온 소시민들"의 잘못을 출판물과 강단에서 지적한다고 비난했다. "그들은 한 주에 한 번씩 소년과 소녀들을 데려다가 사랑 이외에는 전혀 의무를 부과하지 않고, 하나님이 주신 책에 대한 사랑과 그것을 학생들에게 구원의 도구로 삼겠다는 희망을 제외하고는 거의 준비를 하지 않는다.…우리는 위대한 일을 해왔고, 또 여전히 하고 있다. 우리가 실시하는 교육은 가슴에 속한 것이지 머리가 아니다."[13]

"가슴"과 "머리"는 또 다시 경쟁의 상징이 되었다. 하지만 19세기의 교회교육에서는 마음이 가치기준에서 두 번째로 밀렸었지만 20세기 주일학교 그 자체에서는 정반대로 역전되었다. 가슴과 머리의 양극화는 전문가들을 상대로 대중주의를 구사하는 고참들의 방식이었다. 하지만 그것은 고참들이 문화에서 작동하는 어떤 지적 및 사회적 경향들과 등지는 것을 뜻했다. 그들은 미국인의 삶 전체에 영향을 끼치는 자신들의 주장을 포기했다. 이것은 표면상 복음주의자들이 자신들의 주일학교를 지키기 위해서는 반드시 수용해야 할 결론이었다.

고참들에게 1920년대는 중요한 시기였다. 미국 문화는 현대화되고, 그리고 새로운 정신은 전국 규모의 잡지나 라디오를 통해서 널리 광고되었다. 세련된 도시문화는 옛 미국의 "더 좋은 가치들"을 위한 여지를 거의 남기지 않았다. 소도시나 시골의 개신교인들은 지적인 세속주의자, 종교적 현대주의자, 가톨릭 교인과 소수 인종이라는 다수의 적들과 싸울 수 있는 준비가 되어 있었다. KKK단, 금주주의, 진화론의 반대, 그리고 가톨릭 출신 알 스미스 대통령 후보자를 반대하는 은밀한 운동은 그런 투쟁의 일환이었다. 이민 제한과 한시적 금주법에서는 계속 승리했지만, 오래된 세력들은 큰 무대에서 밀려나다가 결국에는 검열제도를 비롯해서 보다 간소한 생활방식이나 도덕과의 전쟁에서 패배했다.[14]

주일학교 조직 안에서 벌어지고 있는 일 역시 고참들에게는 위협적이었다. 자신들의 조상들이 세운 교회들이 자유주의에 빠져드는 것은 심상치 않았다. 하지만 핵심적인 주일학교들이 신참들에게 빠져드는 게 더 큰 문제였다. 20세기 초반 30년 동안 각 교단의 교육위원회는 전문적인 직원들이 주도하는 전에 없는 운영방식으로 조용히 전환했다. 신참 가운데는 철저하게 성경을 현대적으로 많지 않았지만, 그들은 전문가처럼 발언하고 행동했다. 국제종교교육협의회의 직원들과 비슷했다. 주일학교운동의 종말이 두려운 고참들은 고통스럽게 부르짖었다. 그들은 교육받지 못한 사람들을 경멸하고 무시하는 부드러운 전문가들과 무관한 과거를 애도했다. 20세기 미국의 상징이 된 신분 정치라는 전례 없는 계층 간 전쟁이 모습을 드러냈다. 다원주의라는 국가 브랜드 안에서 재정의 역량강화와 정치적 성공처럼 단체와 개인에게 동기를 부여해온 것은 **신분**이었다.

KKK단. 이민배척운동과 백인 우월주의를 기반으로 삼고 있는 비밀 테러 조직이다.

복음주의적 주일학교의 견고한 지지자들은 부르짖는 선에서 끝내지 않았다. 그들은 자신들의 터전을 선택하고, 처리해야 할 중요한 사역을 결정하고 양보를 거절했다. 그들은 다른 사람들에게 지성인의 주장을 걱정할 수 있는 권리를 제공했다. 그리고 성서신학자들은 기회가 있을 때마다 견해를 바꾸고 평범한 이들을 학계의 최신 이론에 관심을 갖게 만들었다고 확신했다. 옛 방식을 고수하는 주일학교는 현대적이고 자유로운 문화가 영원할 것이라고 생각하는 교수, 오만한 과학자 그리고 새로운 전문가가 필요하지 않았다. 고참들은 종교교육가들이 중시하는 세계의 내구력을 확신할 수 없었다. 시대는 불확실했고, 그리고 변절한 교회와 죄에 물든 문화에 대한 하나님의 임박한 심판의 징조들이 존재했다. 어두운 미래와 관계를 맺고 뒤따라가는 것 때문에 조바심을 낼 필요가 있을까? 하나님의 말씀인 성경과 그 불변의 말씀을 가르치는 주일 공과라는 두 가지 진리는 영원했다. 미국이 제2차 세계대전에 참전할 때도 고참들의 주일학교는 여전히 회심을 추구하고 있었다.

정통주의와 신정통주의가 만나다(1945-)

전운이 감돌 무렵 대부분 전문적인 교육집단과 연계된 주류 교단의 주일학교들은 분명히 문제에 봉착했다. 몇 년 간 입학생들이 줄어들었다. 감리교회는 1926년과 1936년 사이에 34퍼센트가 줄었고, 그리스도의 제자교회는 23퍼센트, 미국 장로교회(북부)는 18퍼센트로 떨어졌다. 그와는 대조적으로 다른 종파나 보수적인 집단들은 성장하고 있었다. 하나님 성회의 주일학교는 같은 기간에 거의 300퍼센트 이상 입학생이 증가했고, 그리고 오순절 성결교회의 주일학교는 두 배의 수치를 기록했다.

전문가들의 이런 퇴조기에 수혈의 순간이 다가오고 있었다. 자유주의 이후의 새로운 교육가 집단이 전쟁 직후에 등장해서 과거에 종교교육운동이 담당한 역할을 떠맡았다. 각 교단 기독교교육위원회와 기독교교회협의회(1950년에 국제종교교육협의회 역시 창립에 참여한 바 있는)의 열정이 고참 복음주의자들의 끈기와 생산적인 충성심을 압도했다. 사실 제2차 세계대전 이후에 미국은 열정의 흐름을 분류할 수 없을 정도의 집단적인 신앙부흥회를 벗어나지 못했다.

1948년에 미국 장로교회의 신정통주의적인 "믿음과 삶" 시리즈의 등장하면서 전문적인 지침이 변화하고 있다는 게 드러났다. 1950년대 내내 유명했던 "새로운 교육과정"은 질리도록 휴식을 취하고 있는 주일학교 세계에 부는 신선한 바람이자 수익성 있는 출판 사업으로 상당한 성과를 올렸다. 다른 교단들 역시 곧장 교육 프로그램들을 개편했다. 1950년대는 교육과정의 쇄신과 갱신을 위한 위대한 시기였다. 교단의 위원회와 출판 시설이 활동의 본거지가 되었다. 그리고 아이젠하워 행정부 시절에는 주류 교단의 주일학교들에 대한 관심이 잠시 상승했다.

신정통주의는 전문가들에게 새로운 활력을 제공하도록 돕던 대표적인 촉매제였다. 칼뱅주의를 반영한 이 신학이 유럽에서 에밀 브루너와 칼 바르트 덕분에 활기를 띠었듯이 미국에서는 원죄의 교리를 강조한 라인홀드 니버의 신세를 졌다. 진보를 신뢰한 자유주의를 비판하면서 하나님의 주권과 성경의 결정적인 계시를 강조하는 쪽을 선택했다. 자유주의 종교교육이 미국에서 이미 퇴조함에 따라서 새로운 신학은 주일학교를 활기차게 만들 수 있는 매력적인 선택이었다.

라인홀드 니버(1892-1971).
· 신학자이며 윤리학자로 활동하면서 신정통주의를 미국에 적극적으로 소개했다.

1950년대의 프로그램들이 장로교회의 "믿음과 삶" 문서만큼 신정통주의 일색은 아니었다. 하지만 저마다 조만간 학문의 시장에서 활동하는 신학자들이 자극한 새로운 논쟁을 반영했을 뿐 아니라 적어도 두 가지 정도의 공통점을 갖고 있었다. 첫째, 청중들에게 그다지 확실하게 드러나지는 않았지만 성서신학자들의 최근의 연구결과를 수용했다. 둘째, 교육과정의 개선은 대체로 최상의 신학과 교육을 결합시키고 싶어 하던 전문가들의 몫이었다.

새로운 정통주의는 복음주의적 특징을 갖고 있었지만, 그렇다고 해서 복음주의적 정통주의와 동일하지는 않았다. 신정통주의는 현대적 정신에 훨씬 더 익숙했다. 자유주의 이후의 교육가들은 자유주의 선배들과 신학적으로 의견이 달랐던 만큼 계속해서 전문적인 견해를 유지했다. 신학대학원이나 대학교에서 흘러나오는 현대 사상을 부지런히 보급하고, 심리학 분야 전문가들의 연구결과를 크게 존중하고, 공적인 쟁점들과 사회활동에 참여하는 문제에 열정적이었다. 1962년에 〈타임〉은 주일학교의 흐름을 다루면서 이렇게 보고했다. "교사는 더 이상 성경이나 지난 6일간 갈고닦은 인내심만 가지고서 교실에 들어가지 않는다. 개요를 담은 교과서, 활동을 돕는 책, 시청각 재료, 그리고 아동심리학자의 충고를 선호하는 것 같다."[15]

예상할 수 있듯이 후기 자유주의자들 역시 종교교육가들처럼 지지자들 때문에 같은 문제에 직면했다. 훈련기간이 확대되었음에도 불구하고 교사들은 가끔 교재를 이해하거나 활용하는데 어려움을 겪었다. 게다가 거기에는 종교와 정치가 함께 섞여있었다. "어째서 우리는 옛날 좋았던 시절에 사용하던 것을 가질 수 없을까?"라는 하소연이 흔할 정도였다.

후기 자유주의자들은 자유주의자들과 마찬가지로 식자층에게 이상하게 비쳐질 수 있는 주일학교 학생들의 모집 방법을 제대로 배제하지 못했다. 예컨대, 1952년 가을에 카우보이 배우 로이 로저스는 트리거라는 이름의 말과 함께 로스엔젤리스의 트리니티 감리교회에 나타났다. 로저스는 트리거가 처음으로 주일학교를 방문했다고 기록했다. 샌 개브리얼(캘리포니아)의 유니온 교회는 주일 수업에 주민들을 끌어들이려고 소책자를 넣은 헬륨 풍선을 날려 보냈다. 모험심이 강한 어느 교장은 동정심을 유발해서 주일학교의 출석을 끌어올리려고 스물네 시간 내내 유칼립투스 나무에서 지내던 기둥성자 시므온을 재연했다.

신정통주의가 득세하던 시대에도 19세기의 복음주의 정신을 지지하는 새로운 세대는 낡은 방식의 주일학교 신앙과 실제를 유지하는 전망에 대해서 상당히 낙관적이었다. 고참들의 운동에 참여한 신참들은 그 기관을 복음주의 신앙을 지키는 중대한 방벽으로 여전히 간주했다. 앞에서 소개한 1962년 〈타임〉의 기사는 아동심리학에 의지하는 교사의 모습을 관찰하고서 이렇게 보도했다.

> 교단의 세례자 가운데 85퍼센트가 주일학교 출신이라는 것에 주목한 어느 남침례교회 교인은 "20세기의 전도 방법 가운데 가장 뛰어난 것은 부흥회가 아니라 주일학교"라고 결론지었다.[16]

고참들은 주류 교단과 무관한 주일학교들의 급속한 성장을 위안으로 삼을 수 있었다. 전문가들이 대표적인 교단들을 오가면서 마술을 보이는 동안 초교파 운동과 다소 거리를 두고 있는 오순절 교단과 기타 "주변"의 단체들의 움직임은 부산했다. 1960년대 초까지 불길한 징조가 확실하게 드러나고 있었다. 기독교교회협의회에 가입한 교단들은 전형적인 초교파주의와 신학적 수정주의의 한계를 넘어선 주일학교의 성장을 따라잡지 못했다. 가장 급속히 성장한 교회들은 독립적이고 주일학교를 제대로 갖추거나 중시하는 근본주의적 성향에 가까운 집단들이었다.

다원주의와의 동거(1965-)

주류 개신교 신학과 교단의 전문적인 교육가들의 신정통주의 자체에 대한 인기는 1960년대 중반에 신학의 변화라는 회전목마가 더 빨리 돌아가자 사그라졌다. 하비 콕스의 『세속 도시』의 출판은 "세속적" 신학에 대한 새로운 관심을 알리는 전조였다. 이런 관점이 주류 교단의 교육과정에 통합되자 유행의 바늘은 "신의 죽음," "희망," "흑인 신학," 그리고 "기쁨과 축하" 쪽을 불안하게 가리켰다. 주일학교 공과 편집자들이나 저자들은 문화 격차에 지친 희생자들이 되었다. 그들이 최대한 할 수 있는 일은 흐름을 기대하면서 정해진 출판 일정을 한두 해 전에 유행하던 것에 맞추는 것이었다.

하비 콕스(1929-). 하버드 대학교에서 사회윤리학을 강의했고 『세속도시』 등을 집필했다.

인권, 종교적 반전운동, 학생 데모, 그리고 대중 매체에서 성생활을 새롭게 부각시키는 게 주일학교에서 감지되었고, 고참들은 사회 변화에 한층 개방적인 교인들과 지도자들을 상대로 자주 논쟁을 벌였다. 개신교 신학은 전열이 흐트러졌고, 덕분에 교회 교육가들이 지적 및 사회적 활동의 분야 전반을 따라가거나 상당한 양의 교육적 제안을 처리할 수 있는 방법이 실제로 존재하지 않았다.

1960년대와 1970년대 초반의 혼란에 따른 한 가지 결과는 현대 교회교육이 효과적이기 위해서는 획일성이 아니라 다양성이 필요하다는 전문가들의 주장이었다. 다원주의는 위대한 새로운 표어가 되었다. 물론, 개신교는 늘 다원적이었다. 다원주의는 대부분의 교단들 사이에서 뿐만 아니라 각각의 내부에서 군림해왔다. 하지만 최근 들어서 미국 주류 교단에서 진행된 것처럼 다원주의가 융숭한 대접과 숭배를 받은 적이 없었다. 흑인과 기타 소수집단, 여성, 동성애자, 그리고 기타 해방론자들의 도전을 받고, 그리고 복음주의자와 세속주의자 모두에게서 비난의 대상이 된 주류 교단들은 모든 형식의 이데올로기와 신학을 수용하려고 노력했다.

다원주의 지지자를 고객으로 수용하려는 바람은 1970년대 초반에 전문적인 교회교육을 대표하는 동기로 작용했다. 이런 흐름은 주류 교단의 출판물에 신속하게 반영되었다. 연합감리교회의 자료들이 한 가지 사례가 될 수 있다. 내부적으로 인종이 다양하고 어떤 개신교 교단보다 역사적 독단론이 희박한 자랑스러운 미국 교단인 연합감리교회는 자의식이 강한 다원주의 시대에 주류의 대응을 확인할 수 있는 대표적 사례로 활용할 수 있다.

복음주의적이면서 자유주의적이고, 보수적이면서 방임적이고, 그리고 소수 인종에 새롭게 눈을 뜬 1972년 연합감리교회총회는 다음처럼 신앙고백에 준하는 내용을 채택해서 다원주의를 왕위에 등극시켰다. "단일 신조나 교리 요약으로는 고유한 신앙을 고백하거나 기독교적 경험을 축하하는 연합감리교회의 요구와 의도에 적절히 대처할 수 없다."[17] 1960년대에 인권과 당시 여러 현안들을 고려해서 정교한 개정판을 고안해낸 바 있는 연합감리교회 교과육과정 설계자들에게 이 진술은 예상하지 못한 시사점을 제공했다. 1972년 이후로 소수 인종과 여성들은 교회학교 출판물을 상대로 훨씬 더 큰 영향을 행사할 수 있었다.("교회학교"는 연합감리교회에서 운영하는 주일학교의 공식 명칭이다.) 교회학교 기관들에게 있어서 그런 집단들은 극복할 수 없는 도전이 되지 못했다. 교단 내부의 보수적인 복음주의자들이 훨씬 더 큰 문제였다. 연합감리교회의 전통주의자들은 형식상의 다원주의가 교육과정이라는 파이 가운데 한 조각을 보장할 뿐이라고 생각했다. 그들은 교재 편집자들을 몰아붙이면서 자신들의 견해가 반영된 성경공부 자료를 내놓으라고 요구했다.

"우리의 신학적 과제"라는 제목으로 1972년에 발표된 연합감리교회 성명서의 결론은 교단 전체를 고려해서 여기저기서 조금씩 발췌한 일종의 혼합형 교육과정이었다. 연합감리교회는 신학적 진보주의자들이나 기타 복음주의자들에게 각기 다르게 호소하는 개별적인 시리즈를 제공하기보다는 하나의 시리즈 안에, 혹은 같은 공과 안에까지 잡다한 신학적 관점을 함께 섞어놓았다. 그런 접근은 당연히 논쟁을 불러일으켰다. 어느 연합감리교회 신문은 이렇게 보도했다.

> 일각에서는 계절이 바뀔 때 마다 서로 다른 신학적 입장이나 심지어 같은 공과 안에서까지 일치하지 않는 신학적 입장이 혼란을 조장하고 있다고 주장하는데, [이워트] 왓츠 박사 [교회학교 수석 편집자]는 이렇게 평했다. "또 다른 사람들은 그런 접근이 교사와 학생 모두를 연합감리교회 내부에 존재하는 광범위한 신학적 신념의 스펙트럼에 노출시켜서 그들로 하여금 고유한 신앙을 검증하고 평가하게 할 수 있다고 말한다."[18]

연합감리교회의 주일학교 다원주의라는 독특한 브랜드가 여전히 그 형태를 갖추어 가는 동안에 그 교단은 1976년에 "결단의 순간: 앞으로 백년"이라는 이름의 특별한 교회학교 중점사업을 출범시켰다. 처음에 4년 단위로 구성한 이 중점사업은 세 가지를 목표로 삼았다.

(1) 교회학교에 참여함으로써 기독교적 성장과 이해를 통한 그리스도와 교회에 대한 개인들의 헌신을 양육하고 심화시킨다.
(2) 연합감리교회 교회학교는 모두 교수학습의 수준을 개선한다.
(3) 연합감리교회 교회학교의 출석과 입학 숫자를 확대한다.[19]

셋째 목적에 따르면 전국에서 두 번째로 규모가 큰 개신교 교단이 1970년대 중반까지 분명하게 위기의 순간을 맞이했다. 교회학교 등록자 숫자는 1970년부터 1971년까지 590만 명에서 1976년부터 1977년 사이에는 460만 명으로 줄었다. 새로운 문서에 반영된 다원주의가 교세의 흐름을 돌이킬 수 있었을까? 만일 딘 켈리의 "어째서 보수적인 교회들이 성장하는가"라는 글의 논지를 주일학교에 적용할 수 있다면, 연합감리교회는 교회학교 등록자 숫자와 교인들의 충성심을 동시에 한층 더 약화시키는 확실한 공식을 선택했다. 켈리는 다원주의를 풀어주지 않는 엄격함이 종교 집단의 성장에 결정적인 요인이라고 확고하게 주장한다.[20]

공동교육개발에 참여한 15개 교단들은 단독으로 활동하지 않고 "기독교교육: 공유된 접근"이라는 명칭의 새로운 교육과정을 통해서 함께 다원주의와 맞서기로 결정했다. 공동교육개발은 전문적인 교회교육가들 사이의 일종의 대화 모임으로서 1960년대에 생겨났고, 덕분에 그것에 힘입어서 공유된 접근을 구매하도록 여러 교단들을 설득할 수 있었다. 새로운 교과과정은 적어도 다음과 같은 교단들의 암묵적인 지지에 힘입어서 1978년 후반에 등장했다. 그리스도의 교회(제자회), 성공회, 복음주의 계약교회, 미국 장로교회, 미국 개혁교회, 연합장로교회, 캐나다 연합교회, 캐나다 장로교회, 미국 모라비아교회, 컴벌랜드장로교회, 형제교회. 이런 후원 교단들 가운데 두세 교단은 지나치게 복음주의 색채가 강해서 주류 교단에 무리 없이 합류할 수 없다는 것은 주목할 만하다. 교단들은 재고가 정리된 이후에는 자체 교육과정을 유지하지 않기로 약속했다.

1972년 이후에 구상된 연합감리교회 출판물처럼 "기독교교육: 공유된 접근"은 모든 기반들을 망라하도록 설계되었다.

> 엄청난 시도일 뿐 아니라 조심스러운 연합 사업은 보수적이거나 자유주의적이거나, 작은 교회나 큰 교회, 높은 교육을 받은 회중이나 일반적인 교육을 받은 회중이나 가리지 않고 모두를 만족시키려고 설계되었다. 교육과정은 교리적이거나 교단적인 색채가 배제되고 모두를 위한 것이 담겨 있다.[21]

성경에 초점을 맞춘 초교파적 교재는 네 가지 단위로 구성되어 있다. "말씀 알기"는 연령과 무관하게 6년을 주기로 구약과 신약성경을 포괄하는 통일공과의 최신판이다. 이것은 내용 중심적이다. 어린이와 청소년을 대상으로 주일학교와 평일에 사용하도록 설계된 "말씀 해석하기"는 그리스도인들이 성경에 응답하는 것을 돕도록 구성되어 있다. 연령을 구분하지 않고 여러 세대가 뒤섞인 집단을 대상으로 하는 "말씀 따라 살기"는 기독교 공동체에 초점이 맞추어져 있다. 학년 구분이 없고 환경에 구애를 받지 않는 "말씀 실천하기"는 선교에 대한 헌신을 개발하고 사회 문제에 씨름하는 이들을 돕는 것을 목적으로 삼고 있다.

"기독교교육-공유된 접근"이 처음으로 제작되었을 때는 주일학교 세계에 별다른 반응을 불러일으키지 못했다. 그런 순간이 올 수도 있고, 안 올 수도 있다. 논리적이고 신뢰할 수 있을 정도로 객관적인 평론가는 초기에 "교사나 학생 어느 한 쪽의 삶에 생기를 불어넣거나 정보를 제공할 것 같지 않은 평범하고 흥미롭지 않고, 심지어 소심하기까지" 하다고 생각했다.[22] 그렇지만 "흥미로운 것"이 효과적인 주일학교 출판물의 필수적인 특징은 아니다. 교사와 학생들이 교재에 불어넣는 흥미가 역사적 표현으로는 더 중요하고, 그리고 어떤 교단이든지 흥미로운 교육과정을 제공해서 주일학교를 소생시키려고 하면 실패하게 될 것이다. 오늘날에는 지역의 차원에서 흥미를 경험할 때 계속 성장하는 것 같다. 그것이 회심이든 기독교적 성격의 형성이든, 아니면 다른 무엇이든지 간에 관계없다.

전국적인 통계로 평가해보면 공동교육개발에 참여하는 교단들이 운영하는 대부분의 주일학교들은 최소한 뒷걸음치고 있고, 확실하지는 않지만 쇠퇴의 길에 접어든 것 같다. 예컨대, 성공회 주일학교 학생들은 1970년부터 1971년 사이에 737,801명에서 1976년부터 1977년 사이에는 597,751명으로 줄었다. 연합그리스도의교회는 766,244명에서 553,119명으로, 그리고 연합장로교회는 백삼십만 명에서 백만 명을 겨우 넘기는 수준으로 떨어졌다. 그렇다고 해서 이 교단들과 기타 주류 교단 소속 교회들이 운영하는 주일학교가 완전히 생기를 잃은 것은 아니다.

주류 교단 주일학교가 거둔 부분적인 성공을 하나로 꼬집어 설명하기는 어렵다. 일부 교회들은 전통적인 형식을 고수해서, 다른 교회들은 개혁을 모색해서, 그리고 이도저도 아닌 교회들은 옛것과 새것을 결합해서 어린이와 성인을 확실하게 사로잡았다. 일부 교회 교육가들이 아주 실제적이고 유용한 제안을 내놓고 있지만, 결정은 고참이나 전문가의 지도보다는 기존의 현장에서 진행되는 사역을 근거로 이루어지고 있다. 교장들이 한 해 동안 봉사할 수 있는 지도자들을 모집하는데 어려움을 겪었을 때 하루만 사역하는 단기교사를 아이리스 컬리가 제안했다는 것을 알지는 못했지만,[23] 브롱스의 어느 장로교회 주일학교는 기존 학급의 운영을 위해서 여러 명의 교사들을 연속적으로 활용하는 분화된 학습과정을 구성하는 개념을 찾아냈다. 그 교회는 더 이상 교사 모집을 걱정하지 않는다. 교사들은 짧게는 두 주부터 길게는 7개월까지 자원봉사를 할 수 있고, 그 덕분에 주일학교는 활용할 수 있는 공간을 채우게 되었다.

주류 교단들이 전국적인 차원에서 주일학교와 관련해서 기독교교육의 장래를 걱정하면서 1980년대로 이동하는 동안에 복음주의 교회들은 1970년대 초반을 맞이하는 게 너무 두렵던 슬럼프에서 벗어났다. 1970년경에 남침례회가 전조를 보여준 것처럼 연합감리교회와 연합장로교회의 주일학교는 똑같이 하향 곡선을 그렸다. 남침례회는 1976년에 전국적인 수치가 1965년에 비해서 불과 2.4퍼센트가 증가한 반면에 200주년이 되는 해에는 등록자 수가 잇따라서 5퍼센트를 기록했다. 1976년에 새로운 주일학교운동을 공격적으로 시작해서 2년마다 평균 60명씩 등록하는 주일학교가 1,700개나 설립되었다.[24]

오순절 교단과 근본주의자들은 물론, 기타 복음주의 교단들은 1970년대에 주일학교들을 확대했다. 과거에 개신교의 변두리로 간주되던 곳에서 19세기 후반 이래 그 무엇에도 뒤지지 않고, 경우에 따라서는 뛰어넘기도 하는 대규모 주일학교라는 현상이 등장했다(일부 주일학교에서는 한 주에 5만 명 이상이 출석하기도 한다). 1970년대에는 과거 10년 전처럼 가장 규모가 큰 주일학교들은 대개 독립침례교회, 남침례교회, 혹은 침례성서회 소속 교회들이었다. 어느 연구자는 가장 규모가 큰 주일학교마다 예외 없이 "적극적이고 재능 있는 목회자들이 지도했고, 그들은 공격적인 전도 프로그램을 중시한다"고 평가했다.25) 그런 주일학교들은 대개 자체 교육과정을 개발하거나, 아니면 성경 중심적이거나 회심을 추구하는 교재를 제공하는 데이빗 쿡 출판사, 가스펠 라이트 출판사, 그리고 스크립처 출판사처럼 독자적으로 운영되는 회사들의 교재를 일정하게 구입했다.

고참들의 주일학교들과 초교파 성향의 교단들 사이의 힘의 불균형은 1965년부터 1980년대까지의 기간에 주일학교운동의 지도력이 기득권층 전문가들에 의해서 오랫동안 무시되거나 거부된 관리인들의 손에 이미 넘어갔다는 것을 입증했다. 복음주의자들은 변화가 일어났다는 것과 미래는 또다시 자신들의 몫이라고 분명히 확신했다. 지도자들 가운데 한 사람은 1961년에 이렇게 말했다. "복음주의 주일학교들의 '새로운 전망'의 특징은 영적인 면을 강조하는 것이다. 종교교육은 자연주의적이고 차가운 지적 접근과 완벽하게 결별하고 개인적이고 경험적으로 따뜻하게 호소하는 쪽으로 돌아섰다.…복음주의자들은 주일학교를 하나님의 감독, 하나님의 명령 그리고 하나님의 프로그램을 보유한 하나님의 기관으로 간주한다."26)

고참들의 이런 주일학교는 제이콥스 당시 선배들의 그것들과는 여러 가지 측면에서 상당히 달랐다. 그렇지만 제이콥스와 특히 존 워너메이커는 주일학교의 버스 부대, 1970년대에 가장 규모 가 큰 수백 개의 주일학교들이 시도한 텔레비전 전도 그리고 안식일 아침에 어린이와 장년에게 아주 오래된 옛 이야기를 들려주는 열정을 좋아했을 것이다.

20세기가 마지막 10년을 향해서 나가는 순간에 수많은 복음주의자들이 "미국에서 무엇보다 중요한 기관"을 성원하기 위해서 자리에서 일어섰다.

1. Wesner Fallaw, "Now for the School of the Church!" The Christian Century(LX Ⅱ, 1945년 7월 6일), 676.
2. Clarence H. Benson, A Popular History of Christian Education(Chicago: Moody Press, 1943), 9.
3. George H. Betts, "If the Sunday School Fails," The Christian Century(1925년 1월 29일, XLⅡ), 155.
4. Lockhart Amerman, "The Menace of the Sunday School," The Christian Century(1944년 2월 9일, LXI), 173.
5. Charles Clayton Morrison, "Protestantism and the Public School," The Christian Century(1946년 3월 17일, LXⅢ), 490.
6. Henry Seidel Canby, American Memoir(Boston: Houghton Mifflin Company, 1947), 68.
7. Willard Uphaus, Commitment(New York: McGraw-Hill Book Company, Inc., 1963), 28.
8. Franklin D. Elmer, "Recent Progress in the Sunday School," Education and National Character(Chicago: The Religious Education Association, 1908), 279.
9. Raymond B. Fosdick, op. cit., 24.
10. Shailer Mathews, op. cit., 249.
11. Robert and Helen S. Lynd, Middletown(New York: Harcourt, Brace and Co., 1929), 391, 388-89.
12. Henry F. May, The End of America Innocence(Chicago: Quadrangle Books, 1964), 14. 강조 추가.
13. H. M. Hamill, "The Sunday-School as an Educational Force," The Development of the Sunday School: 1780-1905(Boston: The Executive Committee of the International Sunday School Association, 1905), 177.
14. Richard Hofstadter, The Paranoid Style in America Politics and other Essays(New York: Alfred A. Knopf, 1966), 78.
15. "Look Dad, I'm Leaving," Time(1962년 11월 7일, LXXX)
16. Ibid.
17. "Our Theological Task," The Book of Discipline of the United Methodist Church(Nashville: The United Publishing House, 1972), 80.
18. "U M Editor Defends 'Pluralism,'" United Methodist Reporter(1979년 5월 25일, VⅡ), 4.
19. Decision Point: Church School(Nashville: The Board of Disciple of the United Methodist Church, 연대표기 없음), 1.
20. Dean Kelley, Why Conservative Churches Are Growing(New York: Harper&Row, 1972).
21. Phoebe M. Anderson, "Up and Down and 'Seesaw,'" The Christian Century(1979년 3월 21일, XCⅥ), 316.
22. Ibid.
23. "Future of Sunday School Is Tied to Adjustment to U.S. Realities," Religious News Service, 1978년 4월 23일.
24. James Lackey, Southern Baptist Sunday School Board Growth Consultant, Religious News Service, 1978년 9월 14일에서 수치 인용.
25. Elmer Towns, "America's Largest Sunday Schools are Growing," Christian Life(1970년 8월, XXXⅡ), 15.
26. James DeForest Murch, Teach or Perish!(Grands Rapids: William B. Eerdmans Publishing Company, 1961), 52.

07

최후의 위대한 종교운동?

역사를 내면화하려면 또 다시 이야기하는 사람들이 되어야 한다.
이야기를 우리의 이야기로 말 할 수 있는 방법을 찾아내야 한다.
오래된 주일학교는 그 일을 진지하게 간주했다.
사람들은 이야기를 알았고 관심을 가졌다.
그것은 그들의 것이었고,
그리고 그것을 전달하고 싶어 했다.[1]

존 웨스터호프

과거 미국의 고등학교 학생들은 에드거 알렌 포우의 "도둑맞은 편지"를 자주 읽었다. 텔레비전이 등장하기 이전 세계 젊은이들의 호기심을 자극하는 복선이 깔린 단편소설이었다. 도둑맞은 서류는 철저한 수색이 진행될 방안에 있어야 한다. 그것을 어디에 숨길 수 있을까? 방 안 으슥한 곳일까? 의자에 달린 속이 빈 가로대 안일까? 물론 정답은 어느 노련한 경감이 이중 바닥 서랍을 살피다가 지나칠 수 있는 공개된 장소에 편지를 남기는 것이다. 이야기가 진행되는 동안에 귀중한 편지는 누구나 볼 수 있는 곳에 있지만 그 누구도 알아채지 못했다.

주일학교의 경우도 그렇다. 그 기관은 오랫동안 미국의 풍경에서 붙박이였다. 하지만 실질적으로 과거와 현재와 미래를 조망할 수 있는 남겨진 문화유산을 살피는 형사 노릇을 하는 학자들은 대부분 그냥 지나쳤다. 마틴 마티는 이렇게 말했다. "교회 역사가인 나는 역사가들이나 학자들이 이 기본적인 기관에 얼마나 무관심한지 알고서 깜짝 놀랐다."[2] "도둑맞은 편지" 증후군은 사회학자나 교육학자들은 물론이고 교수학습 이론에서 의도적으로 "주일학교" – "교회학교"는 완곡한 호의적 표현 – 라는 용어를 회피하는 "새로운 시대"의 종교교육가들 사이에서까지 유행한다.

이 증후군은 현대의 비평가들이 주일학교를 역동적인 종교운동으로 인정하거나 그 열정에 공감하면서 한 세기 정도를 뒤돌아보게 되었다는 찬사를 보내기 어렵게 만든다. 1910년에 세계주일학교협회가 개최한 대회의 행진에 의원들이 참가할 수 있도록 미국 의회가 회기를 중단하려 한 것, 그리고 엄청난 폭우조차 "충성스러운 주일학교 군대"의 정신을 꺾지 못한 것은 요즈음에는 이상하게 비쳐질 수도 있다. 그 대회의 절정의 순간을 회상하는 것은 문화 제국주의에 대한 기억일지 모른다. 두 명의 주일학교 지도자들이 연단에 섰다. 미국인 한 명, 그리고 영국인 한 명이었다. 갑자기 청중 사이에서 두 명이 달려 나와서 영국 출신 지도자의 어깨에는 영국 국기 유니언잭을, 그리고 미국인에게는 성조기를 둘러주었다. 감격한 미국인은 가장 순진한 성명서 가운데 한 곳에서 이렇게 말했다. "우리는 이 세계의 모든 국기를 존경한다. 그렇지만…이 두 개의 국기 아래 있는 앵글로색슨인들은 하나님의 인도하심에 따라서 다른 모든 국기에 대해서 맏형의 역할을 직접 담당하고 있다."[3]

미국과 영국의 "맏형"이 선호하는 기관들 가운데 주일학교가 있었다. 주일학교는 앵글로색슨인들이 순진한 세계를 상대로 그럴듯하게 마술을 부리는 데 유용한 기질과 목적을 갖추고 있었다. 그리고 주일학교 지지자들은 그것을 제국주의적이라거나 가부장적이라고 생각하지 않았다. 하나님이 부여한, 애국적인 임무와 관련된 문제였다. 결국 그 운동은 체신부장관 시절 존 워너메이커가 천명한 "주일학교는 진화한 게 아니라 계시된 것이다"라는 진리를 확고하게 믿게 되었다.[4]

계시에 적응하기

주일학교가 높은 곳에서 계시되었을지 모르지만, 2백년의 역사 가운데 한층 더 유리한 시기에 진화한 것도 사실이다. 주일에 학교를 운영하겠다는 로버트 레익스의 착상이 가진 적응력은 하나의 운동이 출현해서 발전하게 만든 한 가지 이유가 되었다. 진화와 적응은 주일학교가 오늘날 앵글로색슨계 제국주의의 의식적 혹은 무의식적 도구일 수밖에 없는 또 다른 이유이다. 예컨대, 미국의 흑인 교단들은 주일학교를 전도는 물론이고 성경이야기를 개인이 동일시하도록 계발하는 도구로 크게 활용했다. 게다가 1960년대 후반에 현대적인 흑인신학이 도래하면서 대다수의 흑인교회 지도자들은 흑인 청년들에게 해방의 의미를 심어주는 데 적당한 대화 장소로 주일학교를 선택했다.

백인이 주도하는 영국과 미국의 운동조차 1780년대 이후로 몇 가지 중요한 적응과정들을 거쳤는데, 기본적인 특징을 잃지 않고서 변화할 수 있는 크지만 작은 학교의 능력은 대표적인 장점 가운데 하나였다. 처음에 그랬듯이 주일학교는 주로 사회 상황의 변동에 따라서 진화의 방향이 결정되었다.

산업혁명은 18세기 후반의 영국 사회에 혼란과 무질서를 초래했다. 오래된 농업중심 사회가 뿌리째 뽑히자 방향감각을 잃은 농민의 물결이 마을과 도시에 밀어닥쳤다. 보다 최근에 미국에서 벌어진 북쪽으로의 내부 이민과 비슷했다. 일단 도시에 들이닥친 농민들은 의도하지 않게 공장제도의 희생물이 되었다. 성인과 어린이들은 얼마 되지 않는 수입을 위해서 일했다. 안식일에 문을 여는 기관은 잔인한 고역과 판에 박힌 일과로부터 유일한 도피처를 제공했다. 주일은 해방의 날이라서 아이들은 그날마다 도시의 질서를 흩트리고 영국 신사와 상인 모두를 불안하게 만드는 약간의 혼란을 조성하면서 길거리를 쏘다녔다. 1장에서 소개했듯이 안식일마다 줄곧 장난으로 문제를 일으키는 악당들의 이런 모습이 레익스의 마음을 움직였다. 그는 모든 평신도 출신인 몇 명의 다른 성공회 복음주의자들과 함께 어쩌면 최초라고 할 수 있는 주일 "자선" 학교를 시작했다. 그 기관은 읽기와 기도를 어설프게 가르쳤다.

미국에 "자선"학교가 수입된 것은 약간 비슷한 문제에 대처하기 위해서였다. 대도시마다 대부분 혼란과 무질서가 기세를 떨쳤다. 특히 뉴욕시와 필라델피아에서는 신성한 안식일을 보존하고 소외된 사람들에게 다가서기 위해서 미국에서 최초로 주일학교를 운영할 생각을 하게 되었다. 하지만 "주일"학교가 일단 해안에 도착하자 복음주의적 개신교인들은 곧장 독특한 교육 형태, 즉 영향을 주고받는 기관들의 네트워크에 맞춰서 조직된 형태의 필수적인 부분으로 전환시켰다. 1815년부터 1860년에 이르기까지 미국인들의 재능은 사람이 아니라 기관에 자리 잡고 있었다.

복음주의적 개신교인들의 교육 생태계의 중앙에는 **부흥운동**이 있었다. 국민 전체를 개종하겠다는 결정 때문에 추진되고 유지된 여러 사업들이 그것 주변으로 모여들었다. 미국주일학교연합회가 구체적으로 보여주었듯이 주일학교는 부흥운동에서 처음으로 뻗어나간 가지들 가운데 하나였다. 이어서 19세기의 교단설립 대학이 등장했는데, 식민시대의 모델과는 전혀 다른 기관이었다. 그 이후에 미국 고유의 신학대학원이 등장했다. 이 생태계에는 막 형태를 갖추기 시작한 공립학교제도, 다양한 자원봉사자 협회들, 해외 및 국내 선교단체들, 그리고 노예제도의 폐지와 평화 및 절제회 같은 다양한 개혁운동들 역시 포함되었다. 여러 종류의 신앙 잡지들이 이런 모험적인 사업들이 거둔 성과를 교인들에게 소개했다.

미국 부흥운동이 시작된 메사추세츠의 노샘프턴에 건립된(1958년) 조너선 에드워즈 기념교회

비록 미미하고 혼란스런 상태에 처하기도 했었지만 기본적인 형태는 여전히 유지되고 있다. 현대 주일학교의 문제들은 어떤 기관의 문제들처럼 간단하지 않다. 전반적으로 개신교 사업 내부의 상당한 제도적 혼란을 반영하고 있다. 하지만 과거의 생태가 보존된 곳이라면, 그리고 대체로 복음

주의적 성향이 강한 곳이라면 요즘에도 주일학교의 전성기 모습을 떠올리게 하는 것들을 접할 수 있다.

전성기의 주일학교는 미국 역사상 무엇보다 내구력 있는 종교운동을 대표했다. 주일학교는 남북전쟁(1812-1814) 이후에 한동안 거의 모든 계층, 인종 그리고 교단에게 접근했다. 호소력이나 문화적 영향력 면에서 겨룰만한 운동은 존재하지 않았다. 이와 달리 1960년대의 인권운동과 반전운동, 그리고 심지어 20세기 초반의 노동운동까지 비교적 단기간 지속된 한순간의 분출에 불과했다.

주일학교의 눈부신 내구력은 우연이 아니었다. 즐겁게 돌이켜 살펴보면, 주일학교가 성공할 수 있는 다양한 이유들을 확인할 수 있다.

성공한 주일학교운동

1. 이 운동은 무엇보다 일치를 유지하는 능력 때문에 살아남았다. 변화를 겪거나 다양성을 지향하도록 상당한 압력을 받을 때도 사정은 같았다. 2, 3년간 그저 그런 행복감에 도취되었다가 계층차별의 문제 때문에 헤매던 인권운동과 달리 주일학교는 한 세기 이상 완벽하게 연대감을 유지했다. 이 운동은 어떻게 그런 심리를 유지할 수 있었을까? 두 가지 장치 때문에 가능했는데, 통일공과와 대회제도 덕분이었다.

통일공과나 국제공과는 수십 년 동안 비난과 불신의 대상이었지만 미래에도 살아남을 수 있는 지속성을 보여준다. 통일공과에 대한 비난이 적지 않았고, 또 그 가운데는 유용한 것도 있었지만 전체적으로는 핵심을 놓쳤다. 동일한 공과의 주제는 세대 간, 교단 간 그리고 국가 간의 일치를 유지하는 조직상의 장치였다.(새로운 "기독교교육: 공유된 접근" 교육과정을 평가할 때는 초교파적인 공동교육개발 집필자들이 결과물에 통일공과의 개념을 일부 단원에 활용했다는 사실을 간과해서는 안 된다. 혁신이라는 것은 선례를 뒤따르는 법이다.)

어느 주일학교 편집자 출신으로 『시골뜨기 샌님』을 집필한 에드워드 이글스턴은 통일공과를 최초로, 그러면서도 가장 무자비하게 비판한 사람들 가운데 하나였다. 그가 펴낸 시리즈가 1870년대 초반에 개최된 전국주일학교대회에서 존 빈센트와 제이콥스의 후원에 힘입어서 승인을 받은 제안의 전조가 되었지만 사정은 다르지 않았다. 이글스턴은 이렇게 말했다. "빈센트 박사와 제이콥스 씨는 어느 주일학교에서 시계를 지켜보면서 버마의 조그만 침례교인 소년들과 미네소타의 조그만 감리교인 아가씨들이 동시에 읽고 있는 것과 동일하게 인쇄된 질문을 읽어줄 수 있을 것이다."[5] 사실 빈센트와 제이콥스는 그 가능성 자체에 상당한 관심이 있었다. "조그만 침례교 소년들"과 "조그만 감리교인 아가씨들"은 지리, 교단, 그리고 문화가 달라도 무엇인가를 함께 하고 있었다. 그들은 "버마"와 미네소타에서 세계적인 일치라는 제의적 상징과 표지를 경험하는 중이었다. 통일공과 시스템은 결코 주일학교운동은 분열될 수 없다고 선언한 것과 다르지 않았다. 교단의 차이나 국가 간의 균열이나 인종 갈등과 무관했다. 통일공과를 옹호하는 이들은 그 제도를 생활 방식을 가리키는 상징으로 받아들이면서 오랫동안 개신교인들이 함께 추구해 온 것과 상황이 달라도 자신들의 일치를 긍정했다. 통일공과는 무엇보다 일치를 가리키는 상징들이 요구되는 시대에 어떤 차이든지 극복할 수 있는 위대한 일체감을 상기시키는 구실을 담당했다.

일치에 대한 열정에 부응한 두 번째 장치는 대회제도였다. 남북전쟁 이후 제이콥스 같은 평신도들과 일부 목회자들은 마을, 읍, 도시, 주 그리고 캐나다나 미국 같은 국가들과 세계 단위에서 사람들을 하나로 묶는 데 크게 기여한 복잡한 제도를 추진했다. 이 모두 전임직원이 없었던 초창기에 진행되었다. 대회제도는 각각의 수준에서 맡겨진 책임을 담당했다. 예컨대, 지역 대회에서는 교사훈련을 강조했다. 1880년 후반에 뉴욕의 버펄로에서는 가끔 토요일 오후에 4, 5백 명의 교사들이 교단이나 교회의 배경과 무관하게 모여서 다음날 주일학교 수업을 준비했다. 대회들은 주일학교의 설립, 어려운 주일학교의 지원, 그리고 지도자들에 대한 격려와 훈련을 도왔다. 그들은 운동을 함께 지켜냈다.

2. 주일학교운동에 성공을 안겨준 또 다른 특징은 고유한 예전을 창조할 수 있는 능력이었다. 그 의식에는 노래와 몸짓으로 과거, 현재 그리고 미래를 축하한 사람들의 기억과 희망이 깊숙하게 자리 잡고 있었다. 3장에 주일학교 음악의 특징을 자세하게 소개되어 있다. 주일학교운동은 노래에 영감을 제공했지만, 의식 행위를 제도화하는 것도 못지않게 성공적이었다.

당시는 물론 요즈음도 상당수의 교회들이 주 단위의 주일학교 모임, 연례 학년진급일과 소풍, 그리고 개근용 핀이나 리본 시상이라는 의례를 실시하고 있다. 주일학교 퍼레이드는 더욱 장관이었지만 근래에는 규모가 줄었다.

1855년에 〈페니 가제트〉는 서부지역 주일학교의 어느 기념행사를 보도했다. 기사에 따르면 "우리나라의 외딴 변경"에 있는 주일학교 서너 개가 "친목과 관계 개선의 도구로서 즐겁고 적절한 예배와 주일을 통합해서 지키려고" 서로 뭉쳤다. 숲속 개간지에서 진행되는 축제를 위해서 몇 대의 소달구지가 수많은 후원자들을 실어 날랐다. 모임마다 깃발을 갖고 있었다. "주일학교-세계의 희망," "우리는 성경을 포기하지 않는다"(그런데 누가 성경을 포기하라고 요구했을까?)라는 식이었다.[6] 그런 특별한 행사들은 사람들에게 운동에 대한 확신과 희망을 축하할 수 있는 기회를 제공했다.

어떤 운동이 의식과 연계해서 성공을 거두는 데 필요한 것은 공감할 수 있는 거룩한 명분이다. 거룩한 명분 없이는 그 어떤 운동도 결국에는 붕괴한다. 주일학교 운동이 장수할 수 있는 것은 의견이 갈리는 다양한 분야의 사람들에게 납득할 명분을 제시할 수 있는 능력 있는 지도자들 덕분이었다. 그런 명분이 성취 가능한 목표를 전달하면서도 위대한 운동의 신비와 낭만을 제시한 것은 주목할 만하다. 초기 주일학교운동의 가장 가시적인 명분의 상징은 학교수업, 예절 그리고 종교가 필요한 빈민층 자녀들이었다. 사실상 1820년대와 1830년대에 정상에 오른 주일학교운동은 회심의 방법을 마련하는 데 치중했다. 그 목적에 담긴 의미는 20세기까지 확실하게 전해졌다.(그리고 지금껏 상당수의 주일학교를 지배중이다.) 주일학교는 과거 150년 이상 회심과 너무 밀접하게 받아들여지다 보니 오늘날에는 복음주의의 주장과 따로 구분할 수 있는지 의심스러울 정도이다. 실제로 최근에 제시된 "성품 교육"이나 "신학의 독해력" 혹은 "가치 훈련" 같은 개념들은 주일학교운동의 원동력인 회심에 대한 복음주의의 관심을 결코 대신할 수 없다.

20세기 초반 20년 동안 전문적인 종교교육가들이 등장하고 1940년대와 50년대에 교회에 교육 관료들이 출현하면서 주일학교운동의 명분과 의식이 침식되는 것처럼 비쳐졌다. 기본적인 개신교교육은 전문가와 평신도 자원봉사자의 오래된 제도 간의 알력에서 비롯된 혼란을 벗어날 수 있는 방법을 여전히 찾고 있다. 그런데 그게 성공하게 되면 현대 전문가들은 미국 주일학교연합회든 아니면 제이콥스와 "일리노이 밴드"이든 간에 그 어느 쪽과도 어울리지 않거나 혹은 어울리지 못할 수도 있다.

3. 모든 운동은 결국 평신도의 충성심, 그리고 주일학교가 처음부터 누렸던 충성스런 평신도들을 의지한다. 평신도 사역자들은 다른 종교운동을 능가할 정도의 주인의식을 갖고 있었다. 그들은 활발하게, 자발적으로 조절했다. 반성직주의가 19세기에 잠시 돌출하기도 했었지만 주일학교의 열렬한 지지자들은 성직자들이 스스로의 위치를 이해하는 한 목회자들을 사업에 대개 포함시켰다. **남성** 평신도들이 대회제도에서 대부분 핵심 역할을 차지하기는 했어도 주일학교 운동이 여성들에게 사역할 수 있는 여지를 항상 제공했다는 사실에 주목할 필요가 있다. 19세기 초반에 여성은 사회적으로나 종교적으로 상당한 억압을 겪었다. 공식적인 교회 활동의 참여는 언제

나 불가능했다. 조용히 기도하고 회중석에 앉는 게 고작이었다. 일부 여성들은 스스로의 운명과 복음에 헌신해서 좌절감을 극복하고 초기 여성 선교와 사회 조직의 전신인 "여성 보조원 모임"을 결성했다. 다른 여성들은 주일학교에서 활동했다. 주일학교운동은 여성들에게 하나의 단체를 결성하거나 동일한 명분에 능동적으로 참여할 수 있는 기회를 제공했다. 여성이 남성과 나란히 교회활동을 하고, 기독교 모임에서 발언하고 또 대회 때 마다 대부분 대표들 앞에서 의제 관해서 투표한 것은 주일학교가 처음이었다. 교회의 여성들은 주일학교와 여성 보조원 모임을 통해서 남성과 동등하게 미국 개신교의 교회생활을 할 수 있는 작은 걸음을 내딛기 시작했다.

19세기 주일학교의 평신도 남녀는 진정한 아마추어의 전통을 구현했다. 주일학교 사역자들을 아마추어로 부른다고 해서 그들을 낮게 평가하는 게 아니다. "아마추어"라는 낱말의 근본적인 의미 가운데 하나는 관심을 보이는 이지적 사랑이다. 아마추어는 형편없이 일을 처리하는 사람이 아니라 활동에 관심을 갖는 동시에 자신의 관심 방향을 잘 아는 사람이다. 19세기 초반에 출범한 미국의 주일학교운동은 영혼 구원하는 데 관심을 가졌다. 그 관심은 정열적이었고 가끔 위압적일 때도 있었지만, 그렇다고 늘 반지성적이지 않았고 개인을 무시하는 경우도 거의 없었다. 그 운동은 가끔 지성적으로 선도자들의 계발을 격려했다. 가령, 존 빈센트는 주일학교 교사들이 최신의 교육학, 성경지리, 그리고 기타 관련 주제들을 공부할 수 있는 정규학교 제도를 설립했다.

쇼토쿼. 19세기와 20세기 초반에 유행한 성인교육 운동으로서 일종의 하기 시민 강좌였다.

그는 쇼토쿼를 전국적인 주일학교 대학으로 설립했고, 그리고 마침내 쇼토쿼를 통해서 전국적 규모의 지역 독서모임 제도를 출범시켜서 성인교육을 장려했다. 쇼토쿼 문학과 과학서클은 주일학교 교사들의 문화와 종교에 대한 욕구에 부응해서 전국에 서적을 보급하는 "월례 도서" 모임을 최초로 시작하게 만들었다.

아마추어들의 운동에서 출발하고 발전한 기관은 연속성에 대한 요구와 변화의 필요를 균형 잡을 수 있는 탁월한 능력을 개발했다. 그것은 운동이 성공하기 위해서는 반드시 갖춰야 할 자질이다. 변화하지 못하는 운동은 서서히 멈추거나, 아니면 적어도 향수를 불러일으키는 의식들이 사라진다. 과거와의 연속성을 구체화하지 못하는 운동들은 신흥세력으로부터 강력한 위협을 받아서 폭넓은 지지를 상실하거나 종파화 되는 경향이 있다. 주일학교 지도자들은 반세기, 혹은 그 이상 동안 안정을 유지하면서 혁신과 변화를 장려했다. 크지만 작은 학교는 보수적인 사회질서의 핵심 요소로 등장했다. 주일학교 선교사들을 환영한 변경의 공동체들을 파고들었다. 그들은 복음에 대한 관심 때문이 아니라 주일학교가 시민의 질서와 예절을 상징했기 때문에 환영했다. 부모들의 뒤를 따르는 세대들은 주일학교를 자녀들을 길들이는 동시에 희미해지는 과거와 어느 정도 끈을 유지하게 하는 방법으로 간주했다. 그러면서도 그 운동은 실험에도 역시 관심을 갖고 변화를 격려했다. 가령, 주일학교는 유치원이 공립학교의 주요제도에 포함되기 훨씬 이전부터 운영했다. 19세기 후반의 주일학교 사역자들은 청소년기, 즉 아동기와 성인으로의 전이기가 용납되면서 새롭게 출현한 인생 단계의 도전에 응답한 개척자들의 부류에 속했다. 주일학교는 공식적인 성인교육을 최초로 실시하도록 후원했다.

개신교 종교교육, 그리고 미국 개신교가 전반적으로 현재 직면한 문제들 가운데 상당수는 연속성에 대한 요구와 변화의 필요를 균형 잡을 수 있는 능력을 상실한 데 따른 것이다. 이것은 무엇보다 보수주의자와 현대주의자를 갈라놓은 원인이 되었는데, 경쟁자들이 과거에 균형을 유지한 사례들을 현재의 이미지로 재구성하다보니 너무 자주 모호해졌다. 개인 구원에 관심을 가진 대다수의 복음주의적 및 소위 "신복음주의적" 개신교인들은 부흥사 찰스 피니 같은 존경스러운 선배들이 열정적인 사회 개혁가들이었다는 사실을 알지 못한다. 행동지향적인 개신교 자유주의자들은 과거 남녀 영웅들의 복음주의적 열심에 무지하다.

미국의 질병

주일학교운동의 약점은 그것의 장점이나 잠정적인 덕목들 못지않게 흥미롭다. 아마도 가장 큰 약점은 미국에서 진행된 운동들 대부분을 괴롭힌 선천적인 질병일 것이다. 이것은 심각한 운동들이 통속적인 저널리즘과 미국의 광고 산업에 남겨준 특징, 즉 순간적인 분위기에 편승하는 경향이다. 주일학교운동은 절정의 순간에도 시대의 조류에 자주 편승했다. 주일학교 지도자들은 오랫동안 기본적인 문제들을 탐구하려고 사물들의 표면 밑까지 내려가는 법이 거의 없었다. 그보다는 열기를 자극하는 방식으로 운동을 계속해서 유지하고 영향력을 강화했다. 사고를 거의 활용하지 않는 이런 경향은 기법에 몰두하는 주일학교 사역자들의 태도에서 특히 두드러진다.

초창기에 주일학교 군대는 절차의 가치를 알리려고 부단히 노력했다. 19세기 초반에는 암기가 크게 유행했다. 그것에 집착하다보니 한 구절도 의미를 이해할 필요 없이 수천 개의 성경구절을 암송하는 일부 대가들의 세대를 배출하기도 했다. 19세기 중반의 교육과정은 성경지리로 선회했다. 성지의 지형을 소개하는 지도들이 개신교제국의 교실 벽면을 장식했다. 하지만 세기가 바뀔 무렵에는 또 다른 기법이 유행했다. 이것은 시간 엄수를 통해서 기독교의 규율을 익히는 것이었다. 시계가 주일학교 교실에 걸렸고, 그리고 "맹세의 서약과 그것을 상기시키는 핀"을 활용하는 "고참 지파"라는 이름의 전국적인 조직이 존재했다. "충성스런 주일학교 군대" 같은 기타 조직들 역시 시간 엄수와 신속함을 목적으로 삼고서 활동에 나섰다.

애크런 방식의 주일학교 건물에서 시계는 종종 큰 몫을 차지했다. 교장의 종소리에 따라서 여러 곳에서 진행되는 활동이 종료되었고, 교장은 지각생을 볼 수 있는 곳에 자리 잡고 앉았다. 주일학교 사역자들의 후속 세대들도 최첨단의 기법을 열정적으로 추구했다. 1세기 반 동안 그 문제는 크게 달라지지 않았다. 통속적인 절차가 존재하다 보니 기법에 관한 진지하고 비판적인 성찰이 부재해도 관심을 끌거나 애석해 하는 경우가 없었다.

빈약함이라는 특징은 주일학교 역사의 다른 경우에도 등장한다. 가령, 논제들 가운데 주일학교운동을 분열시킬 수 있는 인종 간의 관계는 당연히 관심권 밖이었다. 이것은 남북전쟁 이전이나 이후에도 동일했다. 주일학교는 1960년대 인권운동 과정에서 리더십을 발휘하지 않았다. 적어도 백인중심 교단이나 그런 활동에 관한 초교파적 발언이 그랬다.

주일학교가 범한 또 다른 주요 실책은 성경으로 설명할 수 있다. 성경의 권위가 도전을 받지 않는 한 주일학교는 '하나님의 말씀'의 무게를 제대로 누릴 수 있었다. 하지만 1880년대와 1890년대까지 성서비평학의 위협에서 자유롭지 못했다. 주일학교는 전반적으로 고등비평학자들의 도전에 맞서지 못했다. 성서신학을 일반화하고 다수의 지지자들이 연구결과를 활용하도록 다양하게 시도하면서도 대부분의 주일학교 지도자들은 이런 위협을 간과한 채 성경의 비평가들이 한 마디도 진술하지 못할 것처럼 계속해서 행동했다. 오늘날까지 주일학교들은 대부분 탁월한 성경 전문가들의 가르침과 일반 평신도들의 의견 사이의 간극을 중재하지 못했다. 전국에서 가장 유명한 주일학교 교사였던 지미 카터 대통령이 1979년에 고등성서비평에 대해서 거의 완벽하게 무지를 노출한 것도 그리 놀라운 일이 아니다. 어떤 면에서 보면, "주일학교 신앙"이라는 경멸조의 표현이 천박함이나 자기 방어적인 무지와 동의어가 된 것은 당연하다. 이렇게 빈약함을 선호한 게 미국의 역사가들과 신학자들로 하여금 크지만 작은 학교를 무시하게 만든 가장 타당한 이유가 될 수도 있다.

세 번째 세기

남북전쟁 이후에 주일학교를 재정비한 평신도들은 세월을 감당할 수 있는 거룩한 명분에 참여하고 있다는 것을 조금도 의심하지 않았다. 존 빈센트는 이렇게 주장했다. "교회, 가정, 국가 그리고 사회의 관심 속에서 주일학교를 대표하는 우리는 로버트 브라우닝과 더불어서 희망을 노래한다.

> '가장 좋은 것이 아직도 오지 않았으니,
> 인생의 마지막 그것을 위하여, 인생의 처음이 만들어진 것.'"[7]

한 세기 뒤에 주일학교에 "가장 좋은 것이 아직도 오지" 않았는지 확인하는 것은 불가능하다. 아마 가장 좋은 것이 지나갔을지 모른다. 주일학교를 전국적이면서 국제적 세력으로 만든 개신교식 종교와 교육의 생태계는 거의 소멸의 순간에 도달했다. 미국 개신교는 그 기관의 가치와 필요성에 관해서는 의견 통일이 이뤄지지 않고 있다.

어쩌면 주일학교 운동은 두 번 다시 발생하지 못할 수도 있다. 19세기 주일학교운동이 수십 년 동안 계속 생명을 유지해온 것과 동일한 방식으로 오늘날에도 대규모 운동을 발전시키는 것은 불가능하다. 미국 같은 대중매체 사회는 다양한 운동들을 뉴스와 유행의 상품거리로 삼아왔다. 충분히 알리지 않으면 새로운 주일학교운동은 발아나 성장이 불가능하다. 그리고 새로운 느낌을 추구하면서도 쉽게 지루해 하는 사회에 스스로를 제대로 공개하지 못하는 잘못을 범할 수도 있다. 이러한 측면을 감안할 때 주일학교는 미국 최후의 위대한 종교운동으로서 자격을 갖추고 있다. 그 긴 생명력과 활기는 부흥회 덕분에 생겨난 19세기의 또 다른 운동들을 확실하게 앞질렀다.

그리고 새로운 주일학교운동이 일어날 수 없다는 것은 크지만 작은 학교가 하나의 기관으로서는 혼란을 겪어도 부고를 알릴 정도라는 말은 아니다. 오래된 운동과 그에 따른 파생효과는 여전히 활발하다. 따라서 주일학교가 맞이할 세 번째 세기를 고려하는 게 타당하다.

주일학교는 멀지 않은 장래에 아주 순조롭게 굴러가고, 전문가와 고참을 모두 따라잡을 듯한 강한 인상을 보여주고 있다. 주일학교는 북미에서만 약 4천만에서 4천5백만 명이 참여하는 대단한 규모의 복잡한 사업을 계속하고 있다. 더 보수적인 복음주의 교단들은 교인이 늘고 있다. 일각에서 과도한 전문주의 탓으로 간주하는 1970년대 초반 수준은 최소한 넘어섰다. 주류 교단의 주일학교 입학생들은 감소하고 있다. 자원봉사자 운동을 살리려고 노력하는 전문가들이 가끔 정교한 재활성화 방안을 제시해도 다르지 않다. 일부 교단은 수건을 던지기 직전인데, 실제로 캐나다 연합교회는 이미 포기해버렸다. 1971년부터 1976년까지 400,000명 이상이 감소하자 캐나다인들은 대부분 "크지만 작은 학교"의 재건을 위한 개혁을 모색하는데 관심을 갖지 않기로 결심했다. 그들은 다른 종류의 교육 방법에 기대를 걸고 있다.

오늘날 미국의 주일학교들은 저마다 가능한 규모와 전망을 보유하고 있다. 사람들은 주일 아침에 발달 수준이 상이한 교회의 교실들을 언제든지 방문해서 관찰할 수 있다. 상당수가 1950년대 신정통주의 **교회학교**의 정신을 유지해왔다. 전위적인 중심부들은 여전하고, 그것들이 시도하는 실험은 종교교육의 **진보주의 학교**가 부흥하고 있다는 것을 보여준다. 그리고 "중류 도시"의 **주일학교**가 확산되고 있다. 1970년대에 가장 규모가 큰 주일학교는 1백 년 전에 존 워너메이커가 설립한 베서니 학교의 최신판이다. 호의적인 비평가에 따르면, 현재 거두고 있는 성공의 비밀은 "마치 사장이 회사를 운영하듯이 회중을 이끄는 정력적인 목회자"이다.[8] 성직자의 이런 지도력은 과거 평신도 중심 주일학교 모형과 상반되지만, 성직자 쪽으로 기운 것을 제외하고는 워너메이커의 주장과 별반 다르지 않다.

교육과정 자료들은 주일학교가 세 번째 세기에 접어들면서 줄곧 변화하고 있다. 더 보수적인, 그러면서도 이따금씩 독립적인 출판사들의 출판물은 미국주일학교연합회가 발간한 책들만큼이나 회심 중심적이면서도 다양한 연령에 맞추어서 색채는 더 화려해지고 학습심리에 더 민감하다. 교단의 교육기관들과 초교파적 협력단체는 새것과 옛것의 결합을 시도하고 있는데, 그들의 기본적인 고민은 독자적으로 교육 자료가 생존할 수 있게 카페테리아식으로 접근해서 다원적인 지지층을 만족시키는 방법을 찾아내는 것이다. 주류 교단의 출판사들은 대개 미국 교육에서 계속 선두를 유지하려고 하지만, 사회학자 피터 버거가 "시장 경제의 논리"라고 부르는 것 때문에 역시 밀려나고 있다. 버거는 다원주의 사회에서는 종교 기관들에 대한 구성원들의 충성이 당연하지 않을 수도 있다고 주장한다. 권위적 수단에 의해서 일단 부과된 전통은 팔려나가야 한다. "종교 기관들은 판매 대행자가 되고 종교 전통은 소비상품이 된다."[9] 어느 교단

피터 버거(1929-). 지식사회학자이며 종교의 세속화와 다원주의에 관심을 갖고서 보스턴 대학교에서 가르친다.

이 전통의 내용과 전통으로 간주하는 바에 대한 승인 여부를 더 이상 확신할 수 없는 경우에 판매 업무는 그만큼 더 어려워진다. 그럼에도 불구하고, 제공된 자료들의 확산은 일부 우수한 출판물에는 도움이 된다. 적절하게 사용하고 안 하고는 또 다른 문제이다.

교재가 더 많아지고 더 좋아졌음에도 불구하고 대부분의 주일학교 교실 모습은 60년 전과 거의 다를 바 없다. 일반적인 관습을 개혁하지 못한 전문적인 교회 교육가의 실패는 익히 예상한 대로였다. 오늘날 교사들은 대개 자신들의 할머니처럼 별다른 도움이나 훈련을 못 받고 있다. 이것은 통일공과의 전성기에도 없었던 일이다. 목회자들 대부분은 어떤 특별한 문제가 발생하지 않는 이상 주일학교 업무에 무관심하다. 20세기 중반의 한 연구에 따르면 목회자들은 교회의 교육 사역에 자신의 시간 가운데 5퍼센트 미만을 할애하거나, 또는 "고작 관리인 정도의 구실 밖에 할 수 없다"고 한다.[10] 1980년대의 목사가 빗자루를 잡는 일이 좀처럼 드물다는 것을 제외하면 그 자료는 여전히 유효하다. 도시와 농촌 지역의 무수한 주일학교들은 늘 그렇듯이 비교적 교회와 무관하게 움직인다. "주일학교는 주일학교"이고 "교회는 교회"이다보니 서부 네브래스카와 테네시 주의 컴벌랜드 플래토에서는 사회적 신뢰감이 유지되면 후자는 건너뛸 수 있어도 전자는 불가능하다.(보스턴, 브롱스, 그리고 사회적 지위를 잃지 않으면서 영구적으로 주일학교와 교회를 건너뛸 수 있는 유일한 곳인 로스앤젤레스 교외 지역 역시 분리되어 있다.) 주일학교와 회중, 교장, 그리고 목회자 사이에 존재해온 긴장을 감안하면 어쨌든 교육 프로그램이 유지되어온 게 다소 놀랍다.

사실 미국 내 모든 교단들은 의식하든, 그렇지 않든 간에 주일학교가 종교 수업의 목표를 더 잘 수행하는 쪽으로 개혁하거나 개선할 수 있는 방법들을 궁리하면서 200주년을 맞이하는 로버트 레익스의 "자선"학교를 눈여겨보고 있다. 교회들 가운데 유서 깊은 흑인 회중들은 1960년대의 경험, 특히 흑인 권익 운동 때문에 제기된 특별한 도전에 직면했다. 과거에 흑인 교단은 내적 욕구에 따라서 자유와 정의를 추구하는 흑인의 투쟁에 적합한 교육 교재를 준비하는 데 집중했다. 이 과정은 1960년대에 속력이 붙었고, 그리고 앞에서 이미 소개했듯이 상당수의 교회 교육가들은 주일학교를 청소년들에게 최신의 흑인 해방신학을 소개할 수 있는 논리적인 장소로 간주했다. 그와 동시에 흑인 기독교 해방운동 세력은 주일학교를 복종적 태도를 주입하는 종교의 한 가지 유형과 동일시하는 경향이 있었다.

더 이상 문자해독 능력을 제공할 필요가 없는 흑인 교회들은 주일에 실시하는 훈련의 역할을 규정하는데 백인들보다 더 큰 압박을 받을 수도 있다. 실제로 동서 해안지역(볼티모어와 로스앤젤레스)의 보고서들에 따르면 일부 흑인 교회들이 전통적인 학급들보다는 문화 분야의 한층 더 광범위한 토요일 프로그램을 선호하는 바람에 주일학교가 문을 닫고 있다고 한다. 볼티모어의 뉴실로아 침례교회의 경우에는 토요일 아침 프로그램으로 전환하기로 결정한 1973년 당시에 약 1백 명이 임종을 앞둔 주일학교에 참석했다. 5년이 지나지 않아서 8세부터 75세까지 다양한 연령대에 속한 450명이 입학했다.[11] 초교파적인 교육발전 조직에 참여하고 있는 로스앤젤레스 지역의 8개 교회들은 종교, 소수민족의 관심사, 그리고 약간의 보충교육과 같은 다양한 주제를 포괄하는 토요일학교라는 개념을 개척했다는 평가를 받고 있다.[12]

흑인 교회는 폭력적인 흑인지위 향상 운동 기간에 흑인 사회에서 입지를 상실했지만 누구보다 흑인 기독교를 강력하게 비난하는 이들의 예상과 달리 충성도가 줄지 않았다는 게 대체적인 평가이다. 흑인 교단들은 안팎에서 쏟아지는 비난을 상당 부분 흡수할 수 있었다. 그들은 가끔 비평가들의 의견을 경청해서 도움을 받았는데, 대개는 전인교육에 대한 책임감을 통감하면서 1960년대에 등장했다. 상당수의 흑인 회중들은 백인 경쟁자들과 달리 전통적인 교육형식에 개방적이다. 방법은 목적보다 중요하지 않다. 캘빈 브루스에 따르면 "미국의 흑인들에게 실시하는 흑인 종교교육은 반드시 더 즐거워하는 하나님의 자녀를 길러내야 한다!"[13] "흑인"이라는 말을 빼버리고 "미국 흑인들"이라는 말을 어떤 인종, 혹은 그저 "그리스도인"이라고 바꾸기만 해도 브루스의 주장은 기독교교육 전체, 그리고 세 번째 세기를 맞이한 주일학교의 소중한 목적이 된다.

미완의 사업

주일학교 200주년은 미국 주일학교운동의 결론을 도출하기에는 시기적으로 적절하지 않다. 이야기가 아직 끝나지 않았기 때문이다. 역사적으로나 지금의 현상으로나 크지만 작은 학교는 학자들

마틴 흑인 교회는 여전히 주일학교의 강력한 후원자이자 보존자이다. 오바마 대통령 후보 (2008년)가 에베니저 침례교회(애틀란타)에서 '우리 승리하리'를 부르고 있다.

이 제기한 것보다 더 많은 주목을 받아야 한다. 하지만 그것에 접근하는 사람은 누구든지 간에 작업의 마지막 부분은 반드시 여백으로 남겨두어야 한다.

1950년대 이후 주일학교를 상대로 취한 통속적인 세 가지 태도들은 분명히 모두 틀렸다. 에드거 후버는 긍정적 태도를 대표한다. 그는 교장을 지냈고 주일학교를 "범죄 예방의 실험실"이라고 추켜세웠다.[14] 〈라이프〉의 기사가 제기한 부정적 태도는 주일학교를 이따금씩 "주 중에 가장 쓸모없는 시간"으로 평가한다.[15] 세 번째 태도는 그냥 무시하는 것이다. 범죄 문제는 후버가 암시한 것보다 더 복잡하거나, 또는 그렇게 이해할 수 있다. 〈라이프〉의 평가는 사람들이 여가를 어떻게 보내는지 자신하는 과장된 발언이다. 그리고 무시를 선택하면 미국인을 구성하고 있는 큰 부분을 간과하게 된다.

타임-라이프 빌딩이나 신학대학원의 고상한 전문주의처럼 내려다보기 좋은 곳에서는 통속적인 개신교의 분신인 주일학교를 무시하게 쉽다. 크지만 작은 학교는 수많은 청소년들에게 개신교인들이 어떻게 생각하고, 느끼고, 행동하고, 노래하는지에 대해서 어떤 의미를 제공했고 또 여전히 제공한다. 다원주의를 수용하려고 자신들의 유산을 상당 부분 고통스럽게 포기한 이들에게 주일학교는 보기 드물게 "태곳적부터 내려오는 관습"이다. 세련된 문화의 온갖 부정적 평가에도 불구하고 더 많은 기술자와 관료를 필요로 하는 산업사회의 부단한 요구에 부응해온 공적 혹은 사적 기관들보다 주일학교는 더 인간적인 교육적 대안 구실을 할 수 있다. 부산한 학생들이 주일의 임무를 맡은 작은 선생님들에게 배움을 청할 때가 거의 없지만, 그들은 가끔 주일학교가 제공하는 것과 비슷한 것을 찾는다. 학생들은 인생이 무엇을 의미하고, 또 의미할 수 있는지 알고 싶어 한다. 주일학교를 회심을 위한 토론의 장으로 여전히 활용하고 있는 복음주의, 심지어 근본주의적인 교회까지 좌석에 십대들이 함께 앉아 있다는 사실을 간과해서는 안 된다. 주일학교를 누군가 종교적이 되어야 할 때를 대비해서 종교를 가르치는 곳으로 간주하는 주류 교회들은 청소년 모임이 줄어들었다. 대부분의 세속 가정처럼 대부분의 자녀들이 생소한 밀교나 복음주의적인 교회로 빠져나갔다.

주일학교는 인생의 문제에 대한 개신교의 대답을 제대로 설명하려고 노력해왔다. 주일학교는 삶과 죽음, 희망과 사랑, 신앙과 용서를 이야기해 왔다. 크지만 작은 학교는 의미의 문제와는 무관하게 성지의 지리 같은 주제들에 시간과 관심을 집중해왔다. 하지만 현대적 이념들의 혼란스런 미로에 들어서기 전에 다메섹에서 예루살렘까지의 길을 아는 것은 20세기를 마감하는 시기에 개인에게 위협이 되는 상처들을 감당할 수 있는 마음 상태를 준비시킬 수도 있다. 그런 가능성은 고려할만한 가치가 있다.

현대 과학기술 시대의 작가 윌리 모리스는 그리 오래지 않은 시절에 남부 오지의 어느 감리교회 주일학교를 다녔다. 그는 이렇게 회상한다.

> 선생님은 우리에게 성경 이야기를 들려주거나, 종교적인 포스터를 만드는 일을 돕거나, 또는 "예수 사랑하심을 성경에서 배웠네"를 부르게 했다.…나중에 나이를 먹자 더 그럴듯한 주일학교 모임이 가능할

> 것 같았다. 우리는 작은 원을 그리고 앉아서 종교나 주일에 더 많은 관심을 보이지 않는 어린이들을 어떻게 설득할지 대화를 나누곤 했다. 우리는 손을 잡고서 기도하고, 축복을 속삭이고, 또 우리 학급을 전체 교회에서 가장 매력적으로 만드는 과제와 여러 가지 일을 담당하는 설교자를 도울 수 있는 가장 좋은 방법을 꿈꾸곤 했다.16)

이상이 1880년 무렵의 주일학교 모습이었고, 그리고 여전히 백인이나 흑인이 출석하는 감리교회와 침례교회에서 흔히 접하는 모습이다. 뉴욕시에서 가장 부유한 지역 가운데 한 곳이고, 여러 인종들이 함께 어울리는 리버데일 장로교회 역시 다르지 않다. 시대의 변천에 따라서 방법은 달라질 수 있지만, 그럼에도 불구하고 크지만 작은 학교는 여전히 주변에 존재할 것이다. 전체적으로 미국을 형성했고 여전히 강력한 중산층 개신교 문화에 대한 사람들의 생각이 서서히 바뀌고 있다. 번영과 미래의 축복 – 그리고 가끔은 순수함 – 이라는 개신교식 목표는 오래 전에 미국에 속한 모든 인종과 종교의 목적으로 바뀌었다.

주일학교는 미국이 진정한 모습을 갖추게 하고 최상의 수준에 도달하고 싶어 하는 꿈을 지탱하는 대표적인 연속체 가운데 하나이다. 주일학교는 오랫동안 하나의 운동으로 생존해왔지만, 영향이 너무 크다보니 과거에 대한 연구나 미래에 대한 전망에서 제대로 인정을 받지 못했다. 주일학교는 적어도 미국 개신교의 상당 부분을 차지하는 열정적인 복음주의자들 사이에서 한 세기 이전에 헌팅턴이 파악한 수준의 특징을 유지하고 있다.

주일학교는 존재하는 다양한 조건뿐만 아니라 고귀한 목적, 관련된 무진장한 관심, 또 양육의 대상이 되는 영원한 영혼 때문에 끝없이 실험해야 하는 성격을 유지하는 것처럼 보인다. 주일학교는 신비하고 매력적인 이 미완의 사업을 위임받았다. 그것의 계획은 결코 완벽하게 성취된 적이 없다.[17]

1. John Westerhoff, "A Future for the Sunday School," The Duke Divinity School Review(1975년 가을, XL), 194.
2. Martin E. Marty, "American Sunday School May be Defunct," Context(1975년 5월 1일), 2.
3. World-Wide Sunday School Work, William N. Hartshorn 편.,(Chicago: World's Sunday School Association, 1910), 47.
4. Edward Eggleston, "Unpopular Words," Sunday School Time(1870년 5월 20일, XVIII), 321.
5. Ibid., p. 191.
6. "A Western Sunday School Celebration," Penny Gazette(1855년 no. 5, XIII), 1.
7. John H. Vincent, Modern Sunday School(New York: Hunt and Eaton, 1887), 164.
8. Elmer Towns, "America's Largest Sunday Schools," Christian Life(1970년 8월, XXXII), 16-17.
9. Peter Berger, The Sacred Canopy(Garden City: Doubleday & Company, Inc., 1967), 137.
10. J. Paul Williams, "When the Clergy Abdicates," The Christian Century(1946년 1월 16일, LXIII), 74에서 인용.
11. Religious News Service에 게재, 1978년 3월 23일.
12. John Hurst Adams, "Saturday Ethnic School: A Model," Spectrum, International Journal of Religious Education(1971년 7월-8월, XLIV), 8-9, 32.
13. Calvin E. Bruce, "Refocusing Black Religious Education: Three Imperatives," Religious Education(1974년 7월-8월, LXIX), 432.
14. Edward L. R. Elson, "J. Edgar Hoover—Churchman," Presbyterian Life(Ⅰ, 1948년 11월 27일), 5.
15. Wesley Shrader, "Our Troubled Sunday Schools," Life(1957년 2월 11일, XLII), 110.
16. Willie Morris, North Toward Home(Boston: Houghton Mifflin Company, 1967), 40.
17. F. D. Huntington, The Relation of the Sunday School to the Church(Boston: Henry Hoyt, 1860), 3-4.

| 감사의 글 |

이 책은 "세계 주일학교 운동의 역사"에 관한 연구과제로 집필되었기 때문에 현재는 세계교회협의회에 통합된 과거 세계기독교교육협의회(WCCE)의 일부 관계자들의 상상력이 넘치는 통찰과 관대함을 외면하는 것은 불가능하다. 특히 우리는 랠프 무드 박사와 콜맨 버크에게 감사한다. 로렌 월터스와 WCCE 뉴욕사무소 역시 우리의 작업을 다방면으로 도와주었다. WCCE와는 구상 단계부터 협조를 유지했지만, 협의회나 그 협의회의 후속 기관이 이 책이 서술하는 의견 모두를 책임지는 것은 아니다.

아울러서 세계교회협의회에서 활동하다가 현재는 뉴욕 유니온 신학대학원에 있는 윌리엄 케네디 박사와 복잡한 역사 해석의 문제들에 대해서 애매한 태도를 취하거나 간단히 다루지 않도록 격려한 유니온의 로버트 핸디교수에게 감사한다. 마찬가지로 우리는 현재 루이빌 장로교 신학교의 학장으로 계시는 엘리스 넬슨 박사의 조언 덕분에 큰 도움을 받았다. 뉴욕의 제럴드 노프는 자신의 통찰을 너그럽게 나누어 주었다. 존경하는 주일학교 분야의 학자 가운데 한 분도 마찬가지였다. 그분은 주일학교 운동에 헤아릴 수 없을 정도로 기여한 루터 위글박사이다.

우리는 이 책 마지막 장에 포함된 글을 처음 형태로 실어준 〈듀크 신학대학원 리뷰〉(1975년 가을, 40권)에 역시 감사한다.

우리는 연구에 참여한 여러 동료들의 연구결과와 의견에 큰 신세를 졌다. 그들은 처음에는 학생들이었지만 이 책의 초판이 나온 이후로 교수나 또는 교회와 사회의 지도자로 자리를 잡았다. 전체

계획을 지원한 로버트 크래익, 초기 미국 주일학교를 연구한 제임스 프레이저, 시종 도움을 준 로버트 하쉬, 주일학교의 음악적 유산을 재발견하도록 도와준 엘리스 디커슨 해트, 19세기 문헌에 대한 귀중하고 유익한 조사를 담당한 에밀리 히윗의 기여는 값졌다. 에머리 대학교의 그랜트 셔크리 교수는 미국 흑인들의 주일학교 역사를 정리할 수 있게 시간을 할애했다. 아이오아 주립대학교의 찰스 나이커 교수는 이야기를 전개하는 데 요긴한 몇 가지 자료들을 확인해주었다.

우리는 〈종교 뉴스 서비스〉의 수석 편집장 릴리안 블록에게 감사한다. 그녀는 이 책의 초판과 재판을 위해서 회사의 파일들을 모두 우리에게 개방해주었다. 1971년에 우리의 저서가 처음 출판되었을 때 따뜻하게 환영해준 동료들, 비평가들 그리고 벗들에게 정말 감사한다.

주일학교 200주년에 맞추어서 재판을 출판하도록 제안한 미국 기독교교회협의회의 블래인 피스터 박사, 그리고 이 새로운 수정증보판의 출판을 흔쾌히 허락해준 제임스 마이클 리 박사에게 깊은 감사를 전한다.

저자들은 엄청난 주제를 다룬 보잘 것 없는 저서를 몇 개월간 정신없이 집필하는 동안 여러 사람들이 보여준 뜨거운 도움에 특별히 감사한다. 저자들을 내조하는 케서린 린과 재니타 라이트의 격려, 마인 주 노스 리즈의 진 스테트슨의 도움, 어번 신학대학원의 직원 로잘리 맥스웰과 셜리 스커빈, 그리고 특히 편집을 맡은 버지니아 클리포드의 도움이 컸다.

| 인명 색인 |

개리슨, 윌리엄(William Lloyd Garrison) : 100
그런디, 펠릭스(Felix Grundy) : 75
그레이엄, 닐리(Nellie Grahame) : 130
그레이엄, 이자벨라(Isabella Graham) : 53
넬슨, 엘리스(C. Ellis Nelson) : 21, 249
니버, 라인홀드(Reinhold Niebuhr) : 195, 204
다윈, 찰스(Charles Darwin) : 131
더거데이, 조지(George Daughaday) : 40
듀이, 존(John Dewey) : 125, 183, 190, 191
라우센부시, 월터(Walter Rauschenbush) : 183, 184
랜돌프, 윌리엄(William Randolph) : 144
러시, 벤자민(Benjamin Rush) : 37, 53, 54
레이놀즈, 윌리엄(William Reynolds) : 135, 137
레익스, 로버트(Robert Raikes) : 19, 39, 40, 41, 108, 113, 119, 150, 223, 241
로우리, 로버트(Robert Lowry) : 122
로저스, 로이(Roy Rogers) : 206
록펠러, 존 2세(John D. Rockefeller, Jr.) : 173
록펠러, 존(John D. Rockefeller) : 166, 173, 192
루즈벨트, 시어도어(Theodore Roosevelt) : 126
리, 제임스 마이클(James Michael Lee) : 250
린드, 로버트 & 헬렌(Robert & Helen Lynd) : 193
마티, 마틴(Martin E. Marty) : 221
매킨리, 윌리엄(William McKinley) : 126, 129
매튜스, 쉐일러(Shailer Mathews) : 158, 193
맥컬라, 존(John McCullagh) : 84
맥코넬, 프랜시스(Francis J. McConnell) : 151
메이어(Mayor) : 57
모리스, 윌리(Willie Morris) : 245
모리슨, 찰스(Charles Clayton Morrison) : 181
모어, 해나(Hannah More) : 50, 55, 80, 88, 109
몰트만, 위르겐(Jürgen Moltmann) : 23
무디, 드와이트(Dwight L. Moody) : 137, 138, 175
미드, 윌리엄(William Meade) : 74
밀러, 페리(Perry Miller) : 118
바르트, 칼(Karl Barth) : 195, 196, 204
버거, 피터(Peter Berger) : 239
번연, 존(John Bunyan) : 124
베순, 조앤나(Joanna Bethun) : 55
베이어드, 로버트(Robert Baird) : 73
볼, 해나(Hanna Ball) : 39
부시넬, 호레이스(Horace Bushnell) : 183, 185
브라우닝, 로버트(Robert Browning) : 236
브라운, 존(John Brown) : 141
브래드베리, 윌리엄(William B. Bradbury) : 107
브루너, 에밀(Emil Brunner) : 203
브루스, 캘빈(Calvin E. Bruce) : 242
비처, 라이먼(Lyman Beecher) : 35, 36, 58, 59, 61, 75, 165, 195
비처, 헨리(Henry Ward Beecher) : 35
빈센트, 존(John H. Vincent) : 17, 138, 151, 152, 167, 227, 231, 236
손다이크(E. L. Thorndike) : 190
스미스, 알(Al Smith) : 199
스토우, 해릿(Harriet Beecher Stowe) : 35, 36
스프링, 가디너(Gardiner Spring) : 82
아리에스, 필립(Philippe Ariès) : 112
아치(Archie) : 84
애덤스, 존 허스트(Adams, John Hurst) : 85, 90
애덤스, 존(John Adams) : 85, 90

앨거, 호래이쇼(Horatio Alger) : 166
업하우스, 윌러드(Willard Uphouse) : 185
왓츠, 이워트(Ewart Watts) : 211
우드슨, 카터(Carter Woodson) : 96
우드슨, 카터(Cater Woodson) : 170, 171
워너, 애나(Anna Warner) : 108
워너메이커, 존(John Wanamaker) : 139, 140, 161, 163, 164, 166, 180, 192, 216, 223, 238
워트(Wirt) : 13
웨스터호프, 존(John Westerhoff) : 219
웨슬리, 존(John Wesley) : 39
위틀지, 일라이샤(Elisha Whittlesey) : 75
윌러드, 프랜시스(Frances E. Willard) : 159, 160
윌버포스, 윌리엄(William Wilberforce) : 49, 109
이글스턴, 에드워드(Edward Eggleston) : 138, 152, 227
잭슨, 앤드류(Andrew Jackson) : 75, 79
제이콥스, 벤저민(Benjamin F. Jacobs) : 138
제임스, 윌리엄(William James) : 190
제임스(J. A. James) : 88
존스, 찰스(Charles C. Jones) : 97
존슨, 새무얼(Samuel Johnson) : 50
카터, 지미(Jimmy Carter) : 236
캐리, 매튜(Mathew Carey) : 53
캔비, 헨리(Henry Seidel Canby) : 182
컬리, 아이리스(Iris Cully) : 215
켈리, 딘(Dean Kelly) : 212
켈리, 로버트(Robert Kelly) : 52
콕스, 하비(Harvey Cox) : 207, 208
퀘일, 윌리엄(William Quayle) : 109, 113, 114
크로스비, 패니(Fanny Crosby) : 122, 123
클레이, 헨리(Henry Clay) : 79

키, 프랜시스 스코트(Francis Scott Key) : 75
키펠, 프랜시스(Francis Kepel) : 18
킨, 샘(Sam Keen) : 25, 26
태판, 루이스(Lewis Tappan) : 103, 116
태프트, 윌리엄(William Howard Taft) : 126, 173
터너, 네트(Nat Turner) : 61, 96
테니슨, 알프레드(Alfred Tennyson) : 131
트리머, 새라(Sara Trimmer) : 50, 55, 56
트웨인, 마크(Mark Twain) : 140, 171, 172
틸맨, 찰리(Charlie D. Tillman) : 122
팅, 스티븐(Stephen Tyng) : 98
팍스, 윌리엄(William Fox) : 45
팩슨, 스티븐(Stephen Paxon) : 85, 92, 86
포우, 에드거 알렌(Edgar Allan Poe) : 221
포츠, 존(John Potts) : 149
프렐링후이센, 시어도어(Theodore Frelinghuy-sen) : 77, 78, 80, 147, 168
피니, 찰스(Charles G. Finney) : 38, 118, 233
피스터, 블래인(J. Blaine Fister) : 21, 250
피트, 윌리엄(William Pitt) : 51
하워드, 올리버(Oliver O. Howard) : 116, 117
하인즈(H. J. Heinz) : 139, 166
하퍼, 윌리엄(William Rainey Harper) : 189
해네이, 조너스(Jonas Hanway) : 47
헌팅턴(F. D. Huntington) : 246
해리슨, 벤저민(Benjamin Harrison) : 138, 166
화이트, 윌리엄 알렌(William Allen White) : 156
화이트, 윌리엄(William White) : 156, 53
후버, 에드거(Edgar Hoover) : 43, 244
휴즈, 에반즈(Evans Hughes) : 173

| 주제 색인 |

가슴의 종교(a religion of heart) : 115
감리교엡워스연맹(Methodist Epworth League) : 186
감상주의(sentimentality) : 131
거위 아줌마의 노래(Mother Goose's Melodies) : 88, 89
결단의 순간: 교회학교(Decision Point: Church School) : 19
계곡 캠페인(Valley campaign) : 67, 68, 73, 74, 79, 80, 81, 92, 94
계단공과(graded lesson) : 190
고등비평(higher criticism) : 168, 235
고참 지파(Old-Timer's Tribe) : 234
공동교육개발(Joint Educational Development: JED) : 16, 212, 214, 227
구름과 햇빛(The Cloud and the Sunbeam) : 130
국제교육과정(International curriculum) : 190
국제종교교육협의회(International Council of Religious Education) : 17, 189, 199, 203
국제주일학교대회(International Sunday School Convention) : 144, 146, 147, 159, 187
글로스터(Gloucester) : 19, 40, 41, 42, 43
금주주의(Prohibitionism) : 199
기독교교리협회(Confraternity of Christian Doctrine) : 13, 16
기독교교육: 공유된 접근(Christian Education: Shared Approaches) : 16, 212, 213, 227
기독교면려회(Christian Endeavor) : 12
기독교적 양육(Christian nurture) : 184
꼬마 헨리와 심부름꾼(Little Henry and His Bearer) : 114
노예 탈출조직(underground railroad) : 98, 101
농장제 농업(plantation system) : 96
뉴욕교회연맹(New York Federation of Churches) : 12
뉴욕주일학교연합회(New York Sunday School Union Society) : 56
다원주의(Pluralism) : 53, 199, 207, 209, 210, 211, 212, 239, 244
대결: 주일학교(Confrontation: Sunday School) : 14
대중 문고 요람(Manual of Public Libraries) : 88
대중주의(populism) : 164, 168, 198

데이지계곡 주일학교(Daisydingle Sunday-School) : 90
도금시대(Gilded Age) : 140, 142, 146
라이프(Life) : 244
런던주일학교연합회(Sunday School Union of London) : 50, 60
말과 봉인(Say and Seal) : 105, 107, 119
말씀 따라 살기(Living the Word) : 16, 213
말씀 실천하기(Doing the Word) : 16, 213
말씀 알기(Knowing the Word) : 16, 213
말씀 해석하기(Interpreting the Word) : 16, 213
미국가정선교협회(American Home Missionary Society) : 68, 77
미국교육협회(American Education Society) : 68
미국기독교교회협의회(National Council of Churches) : 13, 157, 250
미국성공회주일학교연합회(The General Protestant Episcopal Sunday School Union) : 74
미국성서공회(American Bible Society) : 68
미국소책자협회(American Tract Society) : 68
미국주일학교연합회(American Sunday School Union) : 33, 67, 68, 74, 80, 86, 87, 94, 98, 147, 158, 225, 239
미국침례교청년연합(Baptist Young People's Union of America) : 186
백화점 신문(Emporia Gazette) : 156
베서니 주일학교(Bethany Sunday School) : 161, 164, 166
보편구원론자(Universalist) : 53
빈민소년들의 굴뚝청소 폐지협회(The Society of Superseding the Necessity of Climbing Boys) : 50
사회복음(Social Gospel) : 166, 183, 184, 195
새롭지만 오래된 학교(New-Old School) : 20
서부에 대한 답변(Plea for the West) : 75
선교주일학교(mission Sunday schools) : 93, 94
성배기사단(Knights of the Holy Grail) : 186
세계기독교교육협의회(World Council of Christian Education: WCCE) : 249
세속도시(The Secular City) : 208
쇼토쿼 문학과 과학서클(Chautauqua Literary and Scientific Circle) : 232
쇼토쿼(Chautauqua) : 167, 232
수티 얼리(Sooty Alley) : 43, 150

순백의 삶(white life) : 187
시골뜨기 샌님(The Hoosier Schoolmaster) : 138, 227
시장 경제의 논리(logic of market economics) : 239
신정통주의(Neo-Orthodoxy) : 196, 202, 203, 204, 205, 206, 207, 238
안식일학교를 장려하는 여성연합회(Female Union for the Promotion of Sabbath Schools) : 55
애크런 설계(Akron plan) : 187, 188
어린이를 위한 찬송가(Hymns for Infant Minds) : 88
어린자녀를 둔 과부를 돕는 협회(Society for the Relief of Poor Widows with Small Children) : 55
에든버러의 무료안식일학교협회(Edinburgh Gratis Sabbath-School Society) : 55
여성 보조원 모임(female auxiliaries) : 231
여성기독교절제연합(Women's Christian Temperance Union) : 159, 160
연합 원리(union principle) : 68, 69, 74
연합감리교회(United Methodist Church) : 209, 210, 211, 212, 213, 215
영국 전역의 주일학교 설립 및 지원을 위한 협회(A Society for the establishment and support of Sunday-schools throughout the kingdom of Great Britain) : 46
우리 승리하리(We Shall Overcome) : 105, 243
일리노이 밴드(Illinois Band) : 137, 138, 139, 141, 147, 148, 150, 154, 165, 167, 173, 230
일일휴가성경학교(Daily Vacation Bible School) : 12
자선왕국(benevolent empire) : 30, 65, 67, 79, 96
자선학교(charity school) : 42, 43, 44, 46, 48, 51, 52, 93, 94
재미있는 초보 자연 상식(An Easy Introduction to the Knowledge of Nature) : 127
전국교사교육프로젝트(National Teacher Education Project) : 18
정통주의(Orthodoxy) : 202, 205
종교교육협회(Religious Education Association) : 189
주간기독교교육(Through the Week Christian Education) : 13
주간종교교육(Weekday Religious Education) : 12
주님과 함께 두 해를: 새로운 주일학교 학습제도(Two Years with Jesus: A New System of Sunday School Study) : 152
주일학교 교사(Sunday School Teacher) : 88, 106, 152, 174, 192, 231, 232, 236
주일학교 소년들에 대한 회상: 열두 소년의 회심, 체험, 그리고 행복한 임종에 대한 실제 이야기(A Memorial for Sunday School Boys: being an Authentic Account of the Conversion,

Experience, and Happy Deaths of Twelve Boys) : 109
주일학교교사훈련원(Sunday-school Teacher's Institutes) : 17, 152
주일협회(First Day Society) : 52, 58
중류도시(middletown) : 182, 193, 194, 238
진보주의 학교(progressive school) : 238
초교파주의(ecumenism) : 207
충성스런 주일학교 군대(Loyal Sunday School Army) : 234
클램햄(Clapham) : 49
타임(Time) : 205, 206, 244
태머니홀(Tammany Hall) : 135, 144, 145, 149
토요 문학평론(The Saturday Review of Literature) : 15, 16, 182
통일공과개요(Uniform Outlines) : 15, 16
통일공과시리즈(Uniform Lesson Series) : 15, 16
표준리더십교육과정(Standard Leadership Curriculum) : 17
핵심 학교(Nuclear School) : 14
휴가교회학교(Vacation Church School) : 12
흑인감리교감독교회(African Methodist Episcopal Church) : 95